시험 기술

시험 기술

최소 공부로 최고 점수를 얻는 고득점 전략 공부법

이영화 지음

차례

[추천의 글]
- 시험 걱정을 덜어 주는 공부법 _ 11
- 각자 상황에 맞는 모듈형 공부법 _ 13
- 시험의 바다를 헤엄쳐 갈 수 있는 공부법 _ 17
- 공부에 왕도가 있을까?_ 18
- 비움을 통해 최고의 효율을 얻는 공부법 _ 20
- 최소 노력으로 최대 효과를 얻는 공부법 _ 22

[머리글]
- 인생은 짧고, 공부보다 아름다운 것은 많기에… _ 24

1장 효율적으로 공부하고 있는가?
: 뱁새와 황새의 공부법은 다르다

1. 열심히만 하는 공부는 이제 그만 _ 29
2. 공부법의 미니멀리즘 혁명 _ 36
3. 공부하면서 반복하는 실수 _ 42
4. 써먹을 수 없는 공부법은 버리자 _ 46
5. EPL 공부법은 특급열차 티켓 _ 49

[토크 타임talk time] 무라카미 하루키와 EPL 공부법 _ 52

차례

EPL 최소 공부법의 효과
: 시험에 강해지는 공부의 기술

1. 공속 레벨 업 : 공부 속도가 빨라진다 _ 57
2. 학습 능력 레벨 업 : 공부의 차원이 높아진다 _ 59
3. 자신감 레벨 업 : 공부하고 싶은 의욕이 샘솟는다 _ 61
4. 성취감 레벨 업 : 시험에 강해진다 _ 63
5. 성공 레벨 업 : 꿈은 이루어진다 _ 65
[토크 타임talk time] 병렬 공부란? _ 67

최소 공부법 1단계
: Eliminate, 고정관념 제거하기

1. 모든 내용을 공부하지 마라
   : 시험이 코앞인데, 저걸 언제 다 하지?! _ 71
2. 입력보다 출력이 중요하다
   : 공부한 양과 시험 결과는 별개다 _ 75
3. 공부할 땐 자뻑 금지
   : 반복 학습 효과를 맹신하지 마라! _ 80
4. 공부는 비벼야 제 맛
   : 밥 따로 나물 따로, 그건 비빔밥이 아니야! _ 83
5. 버리면 비로소 보이는 것들

차례

: 욕심은 금물, 지금 내가 할 수 있는 것을 하라 _ 86
[토크 타임talk time] 모든 것은 연결되어 있다 _ 89

4장 최소 공부법 2단계
: Parallel, 병렬로 공부하기

1. 공부하기 싫어서 탄생한 공부법
   : 할 수 있는 것만이라도 확실히 하자 _ 95
2. 병렬 공부의 효과 : 같은 시간을 공부하고 점수를 2배로 _ 99
3. 병렬 공부의 실전 기술 _ 106
4. 병렬 공부 적용하기 _ 112
   1단계 : 핵심 내용 모으기 _ 112
   [공부에 적용하기] ① 수능시험 _ 114
   [공부에 적용하기] ② 공무원, 공기업, 각종 자격증시험 _ 128
   2단계 : 핵심 내용 반죽하기 _ 123
   [공부에 적용하기] ① 수능시험 _ 125
   [공부에 적용하기] ② 공무원, 공기업, 각종 자격증시험 _ 129
   3단계 : 거시 프레임(이해 틀) 만들기 _ 136
   [공부에 적용하기] ① 수능시험 _ 137
   [공부에 적용하기] ② 공무원, 공기업, 각종 자격증시험 _ 138
[토크 타임talk time] 특별하지 않은 우리의 젊은 날을 위하여 건배 _ 143

차례

 최소 공부법 3단계
: Link, 연결해서 공부하기

1. 한계를 극복하는 연결 공부 _ 147
2. 연결 공부의 효과 : 이해력 UP, 암기력 UP _ 154
3. 연결 공부의 실전 기술 _ 160
4. 연결 공부 적용하기 _ 165
      연결 공부 1 : 기본서와 기출문제 연결하기 _ 112
      [공부에 적용하기] ① 수능시험 _ 167
      [공부에 적용하기] ② 공무원, 공기업, 각종 자격증시험 _ 171
      연결 공부 2 : 기본서와 틀린 문제 선지 연결하기 _ 173
      [공부에 적용하기] ① 수능시험 _ 175
      [공부에 적용하기] ② 공무원, 공기업, 각종 자격증시험 _ 178
      연결 공부 3 : 종류 불문, 관련된 내용 연결하기 _ 181
      [공부에 적용하기] ① 수능시험 _ 182
      [공부에 적용하기] ② 공무원, 공기업, 각종 자격증시험 _ 184
      [토크 타임talk time] 면접장에서 긴장하지 않으려면 _ 186

 나에게 맞는 최소 공부법 찾기

1. 맞춤형 최소 공부법 _ 191

차례

2. 수능을 준비하는 수험생 _ 193
3. 대학교 논술형 전공시험을 준비하는 대학생 _ 199
4. 자격증 및 각종 시험 준비생 _ 202
5. 영어 말하기 시험을 준비하는 취준생 _ 204
6. 시험이 우리를 시험에 들게 하지 않으려면 _ 206
[토크 타임talk time] 소와 사자의 사랑 이야기 _ 208

7장 최소 공부법 활용 툴

1. 좌뇌, 우뇌를 동시에 : 시각화 도구 _ 213
2. 검색은 효율적으로 : 인덱스 탭 _ 220
3. 멀티스태킹 도구 : 2단 독서대 _ 221
4. 묶어 주고 구분하기 : 색연필 _ 222
5. 시험을 위한 최종 병기 : 노트 _ 224

[에필로그] '공부를 한다는 것'의 의미 _ 227
[추천 자료] _ 230

과거의 후회와 미래의 희망 속에 '현재'라는 기회가 있다.

- 크리스티아누 호날두(프로축구 선수)

추천의 글

시험 걱정을 덜어 주는 공부법

김제인(국비장학생, 서울대 16학번)

인생에서 마주했던 가장 큰 시험인 수능을 본 지도 어느덧 1년이 다 되어 갑니다. 지금은 대학생이지만, 대학생이 되기까지의 과정은 정말 힘들었습니다. 한국의 중고생이라면 누구나 공부 때문에 힘들었던 적이 있을 겁니다. 공부를 잘하고 싶은데 방법을 모른다거나, 열심히는 하고 있는데 성적이 오르지 않는다거나, 혹은 이미 충분히 잘하고 있는데도 부족하다고 느끼면서 자신을 모질게 채찍질하는 식으로 말이지요. 저 또한 중학교 때는 반에서 중간 정도의 성적에서 시작해 대학교에 입학하기까지 공부를 하면서 많은 시행착오를 겪었고, 공부로 인해 엄청난 스트레스를 받았습니다.

(위에 적은 걱정거리들은 제가 중학생, 고등학생 때 겪었던 이야기입니다.)

'최소 공부법'을 다룬 이 책을 읽으면서, 공감할 수 있는 방법들이 많다는 것에 일단 놀랐습니다. 소위 '공부 좀 해본 사람들'은 천편일률적인 방법으로 공부를 하진 않습니다. 그랬다면 매년 '○○공부법' 등의 책들이 무수히 쏟아져 나오지는 않겠지요. 하지만 '공부 좀 해본 사람들'의 공부법에는 공통점이 있기 마련인 것 같습니다. 이 책에서는 그런 공통점들을 짚어 낸 후, 피상적일 수 있는 그 공통점들을 적용 가능한 '노하우'로 서술하고 있다는 점에서 특별하게 느껴집니다. 그리고 이 노하우들은 적절한 비유와 재치를 만나서 친근하게 다가옵니다.

(개인적으로, 공부의 과정을 가래떡과 비빔밥에 빗댄 부분에 감탄했습니다. 가래떡과 비빔밥이라니!)

그렇게 뽑아낸 노하우에 여러 문제집들에서 직접 사례를 골라 'E-P-L 단계'를 적용시키는 과정을 독자가 함께 따라가도록 구성되어 있기 때문에, 이 책을 읽고 본인의 공부(그것이 수능이건 자격증이건 논술시험이건)에 적용시킬 수 있습니다. 시험의 종류, 자신의 위치에 따라서 E, P, L 중 어느 단계에 집중해야 하는지 상세히 설명되어 있기 때문입니다.

대학생이 되고 나니, 몇 백 개의 오지 선다형 문제를 빠른 시간 내에 정확히 풀어내는 연습을 했던 고등학생 때와는 또 다른 시험이 저를 기다리고 있더군요. 입장을 선택하여 본인의 주장을 펼치라는 식의 시험 문제들은 그동안 내가 준비해 오고, 내가 잘 해왔던 시험이 아니기 때문에 겁도 나고, 아직 대학 생활이 익숙하지 않아서 완전히 적응하지도 못했습니다. 이 책에서 지은이가 말한 것처럼 '인생은 시험과 시험 사이를 흐르고'있기 때문에, 앞으로 무수히 많은 시험들을 마주하겠지요. 그 대면 이전에 효율적인 공부법에 대한 지침서를 얻은 것 같아서 든든하게 생각하고 있습니다.

추천의 글

각자 상황에 맞는 모듈형 공부법

— 김진우(삼일회계법인 회계사)

정확히 기억이 나지는 않지만 최근 몇 년간 미디어를 통해 '샐러던트'라는 단어를 심심치 않게 듣고 있으며, 서점에 가면 공부법에 관한 책들이 베스트셀러에 올라와 있습니다. 책들은 각자 나름의 방식으로 공부하는 법에 대해 자신만의 노하우를 전수하려고 합니다. 예를 들면, 책을 읽는 횟수나 순서와 같은 객관적인 기준점을 설정한 후 그대로 따라서 할 수 있는 방법에 대해 설명합니다.

그러나 우리가 공부를 통해 해결하고자 하는 복잡하고 다양한 문제만큼이나 개인의 능력도 복잡하고 다양하기 때문에 '다른 사람의 해결 방법'을 단순히 따라만 해서는 '자신에게 직면한 문제'를 해결하는 데 큰 도움이 되지 않습니다. 성공한 사람의 해결 방법을 따름으로써 문제에 대한 막연한 불안감을 해소할 수는 있으나, 성공한 사람이 얻은 효과를 모두 얻는 것은 불가능합니다. 이 책은 이러한 고민을 전제로 '시험을 준비하는 사람들의 생각하는 능력'을 키워 줌으로써 각자의 방식에 따라 효율적으로 공부할 수 있는 방법을 소개합니다.

최소 공부 1단계 : 고정관념 제거하기

고등학교까지는 같은 교실에서 같은 시기에 같은 기간 동안 공부하기 때문에, 다른 학생들과 비슷한 수준의 준비를 하고 시험에 임할 수 있었습니다. 그러나 대학교부터는 시험 준비 환경이 개인마다 다르기 때문에 모든 시험에 최선을 다해 노력하는 것은 불가능합니다. 이 책은 이러한 현실적인 제약 하에서 효율적으로 공부하기 위해 '모든 내용을 공부하지 말 것'과 '입력보다 출력이 중요하다는 것'에 대해 이야기합니다.

대학 시절에 취업을 고민한 끝에 공인회계사로 방향을 정했지만, 누구나 그렇듯 다양한 사정으로 준비가 부족한 상황에서 시험을 보게 되었습니다. 그때는 시험을 늦게 준비했기에 모든 내용을 다 공부하고 시험을 볼 수 없는 상황에서 합격을 위해 어떻게 해야 하는지를 생각했고, 합격 기준인 60점을 받을 수 있도록 쉬운 부분을 완벽히 공부하기로 마음먹었습니다. 결과적으로 이 방법은 효과가 있었고, 아는 부분에서 나온 문제를 하나도 틀리지 않았기 때문에 특정 과목에서는 책의 절반만 보고도 합격할 수 있었습니다.

최소 공부 2단계 : 병렬로 공부하기

공부를 하는 사람은 각자 다른 배경 지식을 가지고 있으나, 책은 동일한 내용이 여러 사람의 독자에 의해 읽혀지기에 지은이는 독자들 개인의 상황에 맞춰 책을 쓸 수는 없습니다. 따라서 독자의 배경 지식의 많고 적음에 따라 책에 대한 이해도와 관심도가 달라질 수밖에 없습니다. 지은이는 바로 이러한 문제의 해결을 위해 핵심적이고 쉬운 내용을 바탕으로 전체 그림을 미리 파악할 수 있는 방법을 소개합니다. 책을 다시 읽게 될 때 처음 읽을 때와 달리 빠졌던 퍼즐이 채워졌던 경험은 누구나 있을 겁니다. 그때는 왜 퍼즐이 채워졌는지 알 수 없었지만, 이 책을 통해 지은이의 설명을 듣고 나니 '병렬로 공부하면서 전체의 큰 그림을 그리는 것이 중요하다는 것'을 깨닫게 되었습니다.

최소 공부 3단계 : 모든 것을 연결하기

중고교 시절, 여러 과목 중에서 국사는 난해한 과목이었습니다. 법흥왕, 진흥왕, 충혜왕, 충효왕 등 이름만 들어서는 누가 누구인지 전혀 구분할 수 없는 왕들의 이름부터 그 시기의 정치, 경제, 사회, 문화적 특징들까지 암기해야 할 것들이 가득한 과목이었기 때문입니다. 지금 생각해 보니, 지은이가 소개하는 방법처럼 '암기해야 할 것들을 연결해서 공부했더라면 어땠을까?' 하는 아쉬운 생각이 듭니다.

예를 들어 이름이 비슷해 난해하다고만 여겨졌던 법흥황, 진흥왕은 불교식 법명에서 자주 보이는 '법'이나 '흥', '진'의 한자가 쓰였습니다. 불교식 한자어로 왕의 이름이 만들어졌다는 건 앞선 왕들의 이름이 이사금, 마립간 등 고유어였던 점을 생각해 볼 때 이 시기 신라에 외부 문물이 유입되었으며, 사회에 영향을 크게 끼쳤다는 점을 유추해 볼 수 있고, 불교가 널리 퍼져 왕의 이름에까지 불교식 이름이 사용되었다는 점을 알 수 있습니다.

이런 식으로 단순히 책을 몇 번 읽어서 암기하는 것이 아니고, 지은이가 소개하는 방식처럼 자신이 알고 있는 지식을 연결하기만 해도 효율적으로 공부하는 것이 얼마든지 가능하다는 것을 알 수 있습니다.

지은이는 이 책을 읽은 독자가 공부를 조금 더 쉽게 생각하고 접하기를 기대한다고 했지만, 책의 내용은 비단 시험에 대비하는 목적의 공부에 국한되지는 않는 것 같습니다. 살아가는 것이 자신의 부족한 점을 느끼고 채워 가는 과정이라는 점에서 주체적으로 문제를 해결하기 위해

가지고 있는 자원을 효율적으로 사용하는 지은이의 공부 방식은 삶의 문제를 해결하는데도 효율적이고 효과적이라는 생각이 듭니다. 인생을 살면서 다양한 문제들로 고민하게 될 때, 지은이의 바람처럼 '가래떡과 비빔밥 이야기'를 생각해 보면 어떨까요?

추천의 글

시험의 바다를 헤엄쳐 갈 수 있는 공부법

― 강우리(이화여대 교육공학 석사,
『책상 위치만 바꿔도 아이 성적이 달라진다』 공동 저자)

학부모님들과 만나면 항상 하는 말이 있다.
"공부하라고 하지 마세요. 차라리 구체적으로 '○○ 과목 숙제했니?'라고 물어보세요."
공부라는 말은 범위를 어떻게 한정 짓느냐에 따라 손에 잡힐 듯 가까이 있기도 하지만, 아득히 멀게 느껴지기도 한다. 매일매일 사는 것 자체가 배움인데, '공부'라는 단어에 두려움을 입히면 삶이 너무 힘들지 않을까?
이 책은 '공부'와 '시험'이라는 망망대해를 우리가 헤엄쳐 나가 볼만한 수영장으로 바꾸어 준다. 어차피 뛰어들어야 할 수영장이라면 최대한 덜 지치고, 덜 힘들이며, 끝까지 갈 수 있기를 바라는 마음을 이 책에서 읽을 수 있었다. 'EPL 공부법'이 어떤 사람에게는 튜브가, 어떤 사람에게는 수경이, 어떤 사람에게는 구명조끼가 될 수 있지 않을까 기대해 본다.

추천의 글

공부에 왕도가 있을까?

— 이진호(삼성전자 연구원)

30대 중반의 평범한 회사원인 저는 지금도 영어 말하기 시험을 준비하고, 직무에 필요한 업무를 배우기 위해 교육을 받고, 평가를 받기 위해 시험을 보고 있습니다. 공부라면 지겹게 하고 있는 제 인생에서 이 책을 읽으며 이런 생각을 해보았습니다.

'지금껏 내가 공부하고 있던 방식은 어디에 있을까?'
'나에게 진정으로 필요한 공부법은 무엇일까?'
'가장 효율적인 공부법은?'
'가장 단순하면서도 확실한 실전 학습법은?'

이 책은 그동안 서점에서 봐 왔던 다른 공부법이나 학습법에 대한 서적들과 달리, 명쾌하고 확실한 방법론을 독자들에게 제시하고 있습니다. 막연하게 '집중하라' 혹은 '오답 노트를 만들어라' 같은 이유 없는 강요나 실정에 맞지 않는 일본식 공부법을 나열하지 않고, 지은이가 겪었던 공부에 대한 고민들, 수능과 대학시험, 자격증시험까지 오늘의 우리가 언제 어디서든 겪을 만한 공부에 대한 고민의 해법을 제시하고 있습니다. 그리고 기존의 고정관념을 깨고 병렬로 정리한다거나 한 줄기의 물처럼 서로 연결하는 공부법을 제시함으로써 공부의 효율을 극대화한 학습법을 알려 줍니다.

오늘을 살아가는 현대인들의 삶은 끊임없는 공부로 가득합니다. 갓 태어난 아기가 걸음마를 시작할 때부터 한 인생의 마지막인 죽음에 이르기까지 배우고 습득해야 할 것들로 가득합니다. 그리고 우리는 사회생활을 하면서 원하건 원하지 않건 각종 시험을 통해서 성적으로 자신의 능력을 평가받습니다.

이 책은 공부에 왕도가 있다는 것을 사실적으로 증명해 보이고 있습니다. 우리는 이 책을 통해서 공부에 대한 기존의 고정관념에서 벗어날 수 있을 뿐만 아니라, 지금까지 반복해 왔던 자신의 공부 습관을 반추해 볼 수 있는 계기가 될 것이라 확신합니다.

추천의 글

비움을 통해 최고의 효율을 얻는 공부법

— 이혁(삼성전자 대리)

이 책을 읽으면서 예전에 공부했던 동양철학의 한 구절이 생각납니다. '배우는 것은 날마다 채우는 것이고, 도를 행하는 것은 날마다 비우는 것이다.'(爲學日益위학일익, 爲道日損위도일손)

이 구절은 노자老子의 『도덕경道德經』 48장에 나오는 말로, 세상을 움직이는 근본 원리인 도道를 행하는 행위가 비워 내는 것을 핵심으로 삼고 있음을 의미하는 구절입니다. 하지만 단순히 비워 내는 것이 아니라, 비워 내는 것을 통해 최고의 효율을 얻고자 하는 것이 도의 기본 원리라는 점을 강조하고 있습니다. 이 책의 지은이가 말하고 싶어 하는 것도 노자의 생각과 비슷하지 않을까 생각합니다. 그런 점에서 지은이는 공부하는 방법론에 대한 미니멀리즘, 최소화를 통해 공부로 이루어 내는 성과를 최대화하는 것을 추구하고 있다고 봅니다.

이 시대는 우리가 평생토록 공부해야 하는 세상일지도 모릅니다. 또한 우리는 입시, 취업, 승진, 자격증 등의 시험을 위해 공부를 할 수밖에 없는 상황에 놓여 있습니다. 이 책은 다른 자기계발서와 마찬가지로 지은이의 공부법을 제시하고 있지만, 확실히 다른 느낌이 듭니다. 미국의 아이비리그 대학을 다니는 엄친아가 말하는 것이 아닌, 그냥 학교 먼저 들어간 어수룩한 동네 형이 공부를 가르쳐 주는 것처럼 일반적인 것을 알기 쉽게 전달합니다. 지은이가 언급하고 있는 'EPL 공부법(영국의 프리미어 리그와 연관된 것은 아니다)'을 통한다면, 앞서 말한 최소한의 투자로 최고의 효율을 얻을 수 있을 것이라고 생각합니다.

물고기를 잡고 싶은 사람에게 자기가 잡은 물고기를 자랑하는 여타의 일반 자기계발서와 달리, 지은이는 물고기를 잡고 싶어 하는 사람에게 자신의 경험을 바탕으로 한 'EPL 공부법'이라는 물고기를 잡을 수 있는 '통발'을 독자들에게 주고 싶어 합니다. 더 나아가 지은이는 자신이 빌려 준 'EPL 공부법'이라는 통발을 이용해서 독자들이 최소의 노력으로 최고의 성과를 거둘 수 있는 방법론 혹은 공부법을 찾을 수 있기를 희망합니다.

자신만의 공부법을 찾지 못한 채 방황하고 있는 학생들, 금쪽같은 시간을 쪼개 자기계발에 뛰어든 직장인들, 혹은 늦은 나이에 공부를 시작하신 분들에게 이 책은 탈출구가 되어 줄 것이라 확신합니다.

추천의 글

최소 노력으로 최대 효과를 얻는 공부법

— 김한준(법률사무소 재인, 변호사)

대한민국에 살고 있는 사람 중에 공부와 시험의 압박에서 벗어나 자유롭게 생활하는 사람은 많지 않을 것입니다. 저 같은 경우에도 고3과 재수 시절만 지나면 공부 걱정 안 하고(적어도 수능처럼 엄청난 부담은 없는) 살아갈 수 있을 거라 생각했지만, 10여 년이 지난 지금도 매일 공부를 해야 한다는 압박 속에 살아가고 있습니다. 직업의 특수성이 있지만 일반 회사원들도 다르지 않습니다. 특히나 요즘처럼 취업이 쉽지 않은 상황에서는 영어시험, 자격증시험 등 사회는 끊임없이 공부를 요구하고, 시험을 보라고 강요합니다.

어찌 보면 지은이는 우리의 이런 상황을 가장 잘 이해해 주는 사람입니다. 지은이가 본문에서 밝힌 것처럼 우리와 비슷한 길을 걸어 왔고, 비슷한 고민을 하며 공부와 시험을 겪어 왔기 때문입니다. 그러면서도 지은이는 자신의 업무를 수행함에 있어 항상 최고의 효율을 자랑하는 인재였습니다. 그렇기에 이 책은 우리의 가려운 곳을 제대로 긁어 줍니다.

이 책에서 제시하는 'EPL 공부법'의 핵심은 간단합니다. 최소의 노력으로 최고의 결과를 이끌어 내는 것입니다. 또한 EPL 공부법은 매우 실리적입니다. 이 책을 읽는 여러분들은 앞으로도 공부를 계속해야 하고, 수많은 시험을 계속 봐야 합니다.

여러분이 지금부터라도 '최소의 노력으로 최대의 효과'를 얻는 EPL 공부법을 조금씩 활용해 나간다면, '시험 합격'이라는 최우선 목표인 매끈한 가래떡을 만들어 내는 가래떡 장인이 될 수 있을 거라 확신합니다. 비록 지은이가 제가 학교를 졸업한 이제야 이 책을 출판하는 것은 괘씸하지만, 이제부터는 저도 조금씩 EPL 공부법을 활용해 볼 생각입니다.

머리글

인생은 짧고,
공부보다 아름다운 것은 많기에…

'노력'이라는 말. 참 쉬운 단어입니다. 실패하면 '노력이 부족해서' 그렇다고 하고, 노력해서 실패해도 '노오력이 부족해서' 그렇다고 하니 말입니다. 제가 학창 시절에 가장 많이 들었던 말도 이와 다르지 않습니다.
"열심히 공부해야 한다."
"너희 선배 중에 A는 밥 먹고 똥 싸는 시간도 아껴 가며 미친 듯이 공부해서 S대학에 들어갔어. 그러니까 너희도 열심히 노력해라!"
저는 이런 말을 들을 때마다 '노력', '열심히'라는 단어가 떠오르면서 그렇게 하지 못한 자신에 대해 죄책감이 들곤 했습니다.
'맞아, 내가 열심히 하지 않아서 그런 거야.'
'내가 남들보다 노력이 부족해서 그런 거야.'
하지만 어느 순간, 울화가 치밀어 올랐습니다.
'열심히 해도 안 되는 걸 어떡하라고!'
'내가 노력할 수 있는 건 이 정도 밖에 안 된다고!'
가슴속부터 울컥하는 게 왠지 모르게 너무 억울했습니다.
저는 대한민국의 평범한 가장입니다. 옷을 아무데나 벗어 놓는다고 아내에게 혼나는 남편, 많이 못 놀아 줘서 미안한 한 아이의 아빠, 식습관이 불규칙한 편이며, 마늘치킨과 맥주를 사랑하고, 건강검진에서 비만

판정을 받은 서른네 살의 보통 남자입니다.

대구에서 태어나 어린 시절을 보냈고, 비행기 소리 때문에 영어 듣기 시간에는 한여름에도 창문을 닫아야만 했던 평범한 일반고를 졸업했습니다. 2002년에 치른 대학 입시에서 운 좋게 서울의 한 대학에 간신히 입학하였고, 말로만 듣던 강남 출신, 외고, 과학고, 특목고 출신들을 거기서 처음 보았습니다.

2009년 대학 졸업 후, 세계 금융 위기 여파로 어두웠던 취업 면접 때 '여기서 수학을 가장 못한다고 생각하는 사람?'을 묻는 질문에 손을 들어 L그룹에 입사하게 되었습니다. 입사 후에는 실행력에 죽고 실행력에 사는 영업 부서를 거쳤고, 어떻게 하면 직원들의 업무 성과를 높일 수 있을지를 고민하는 교육 관련 부서에서 근무하고 있습니다.

제가 '공부법'에 관한 책을 써 보겠다고 했을 때, 주변 사람들은 이렇게 말했습니다.

"야, 너보다 잘나고 공부 잘하는 사람이 얼마나 많은데!"

하지만 저는 이렇게 말했습니다.

"공부를 너무 잘했던 사람은 좋은 선생님이 될 수 없다는 이야기를 들어본 적 있지? 왠지 알아? 그들은 한 번도 공부를 못 해본 적이 없기 때문이야. 난, 그런 잘난 사람들의 성공 스토리가 아닌 평범한 사람의 한 맺힌 내공이 담긴 공부 노하우에 대한 이야기를 쓸 거야!"

요즘 책값도 비싼데, 혹시 몰라서 미리 말씀드립니다.

이 책은 당장 공부를 잘하게 만드는 마법 같은 '비법'을 담고 있는 책이 아닙니다. 다만 평범한 한 남자가 중학교와 고등학교, 대학교에서 직접 부딪치고 깨지면서 겪은 시행착오와 취업 공부(토익, 오픽, 면접, 입사 시험), 회사 공부(진급시험, 영어시험, 자격증시험 등)를 하면서 얻은 20년

간의 공부 노하우에 대한 책입니다.

　인생은 짧고 공부보다 아름다운 것들은 많기 때문에, 저는 '어떻게 하면 적은 시간에 가장 큰 학습 효과를 얻을 수 있을까?'라는 관점에서 공부법에 접근해 보았습니다. 우리가 해야 하는 공부는 진리 탐구를 위한 '학문'이 아니라, 점수를 잘 받기 위한 '시험'일 경우가 대부분이기 때문에, 최소한의 시간으로 원하는 결과를 얻어야 한다고 생각합니다. 그런 의미에서 저는 이 책의 주제를 '최소 공부법'으로 결정했습니다.

　물론, 여러분이 이 책을 읽는다고 해서 단번에 '전교 1등'과 같이 될 수는 없습니다. 하지만 지금까지 비효율적인 방법으로 공부를 해 왔다면, 기존의 공부 시간을 절반으로 줄인다거나 공부는 적게 하는데 성적은 오히려 오르는 그런 노하우를 이 책에서 얻을 수 있습니다. 다만, 공부는 누군가가 대신 해 줄 수 있는 것이 아니므로, 이 책의 내용에 공감하는 부분이 있다면 꼭 한 번 따라 해보시기 바랍니다. 결코 손해 될 일은 없으니, 저를 믿고 한 번만 따라해 보세요. 해치지 않아요.

　공부는 절대로 어렵지 않습니다. '노력이 부족해서' 그렇다고 자책하지 마세요. 우리에게 부족했던 건 노력이 아니라, 공부에 대한 전략과 방법입니다. 제가 겪었던 시행착오와 좌절감을 여러분은 느끼지 않았으면 좋겠습니다.

　오늘도 별이 바람에 스치우는 시간까지 미래와 가족을 위해 공부하는 수많은 '작은 영웅들'에게 이 책을 바칩니다. 감사합니다.

2016년 11월
지은이 씀

1장 효율적으로 공부하고 있는가?

: 뱁새와 황새의 공부법은 다르다

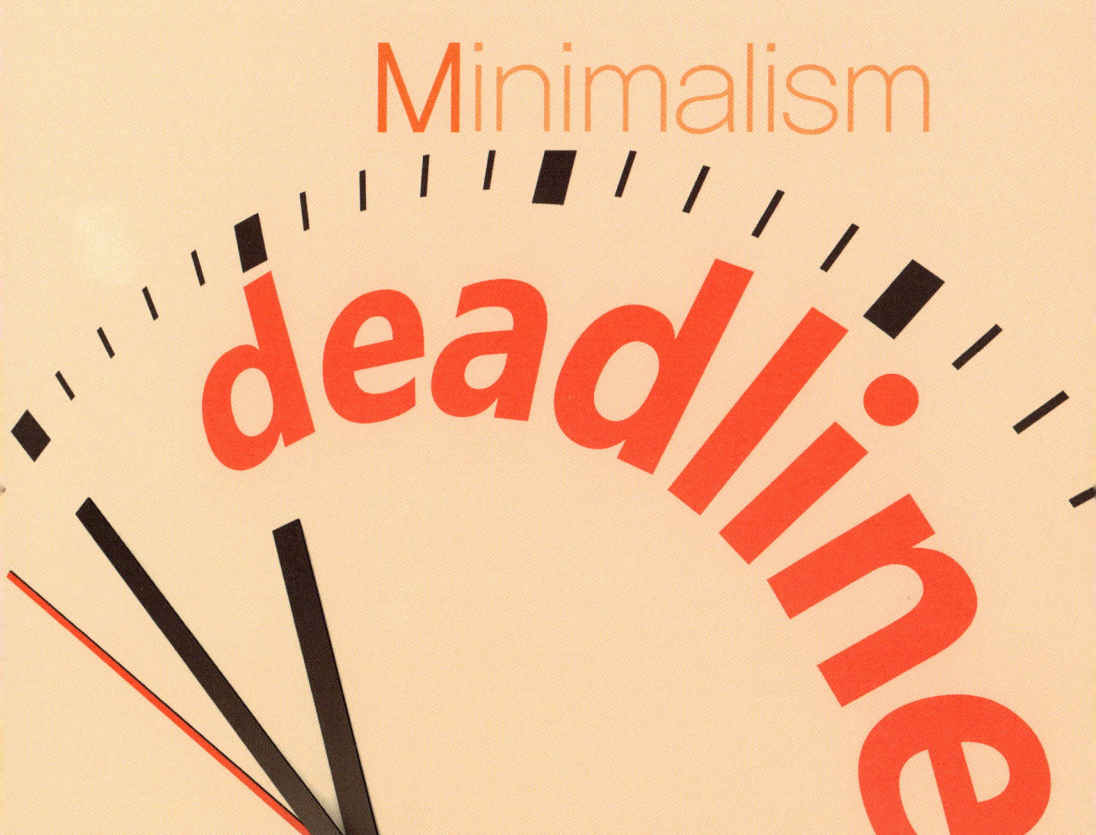

**EPL
최소
공부법**

1
열심히만 하는 공부는 이제 그만

"엄마! 날 조금만 더 똑똑하게 낳아 주지……."
"열심히 해도 안 되는 걸 어떡해. 휴우~."
부끄럽지만, 학창 시절에 공부하는 게 너무 힘들어서 서럽게 운 적이 있습니다. 그리고 늘 이런 고민에 빠져 있었습니다.
'쟨 나보다 공부도 적게 하는데, 왜 쟤를 이길 수 없지…….'
좀 더 잘하고 싶은 욕심에 열심히 공부했지만, 점수로는 잘 연결되지 않았습니다. 그래서 저는 머리가 나쁘다고 생각했습니다.
서점에 가보면 공부법에 관한 책이 너무나 많습니다. 하지만 자세히 들여다보면, 대부분의 책이 '열심히 해야만 하는 공부법'에 대해 말하고 있다는 것을 알 수 있습니다.
책에서 말하는 것처럼 열심히 하는 게 쉬울까요? 절대로 쉽지 않습니다. 열심히 하는 데는 엄청난 인내가 따릅니다. 그리고 열심히 공부한 만큼 성적이 오를까요? 사람에 따라, 환경에 따라 약간의 차이가 있을 수는 있지만, 기대한 만큼의 성과를 얻지 못하는 경우가 대부분입니다.
공부는 그 방법을 단순화하고 효율성을 추구한다면, 결코 어려운 게 아니라는 진리를 수많은 시험을 치르고 나서야 겨우 깨달았습니다. 하지만 안타깝게도 수많은 사람들이 이러한 진리를 알지 못한 채, 비효율적인 방법으로 공부를 합니다. 그러고 나서 기대한 것보다 못한 결과 앞에서 절망에 빠지고 맙니다.

공부 효율성 최악의 나라 대한민국

여러분은 아래 세 가지 상황 중에서 어느 것을 선택하시겠습니까?

(100점 만점 시험에서)

A : 10시간 공부 → 98점

B : 10시간 공부 → 60점

C : 6시간 공부 → 80점(4시간은 휴식)

아마 B를 선택할 사람은 아무도 없을 겁니다. 그렇다면 공부만 열심히 해서 98점을 받은 A, 성적은 A보다 낮지만 4시간 동안 인생을 좀 더 즐겼을 C, 둘 사이에서 고민하고 있겠군요.
위의 선택이 조금 어렵다면, 다음과 같은 상황은 어떨까요?

(100점 만점 시험에서)

A : 10시간 공부 → 98점

B : 10시간 공부 → 60점

C : 6시간 공부 → 100점(4시간은 휴식)

여기서도 B를 선택할 사람은 없을 것이고, A와 C 중에서 하나를 선택하겠지요. 그런데 A와 C 중 A를 선택할 사람은 아무도 없을 겁니다. 눈치를 채신 분도 있겠지만, 위의 상황은 대한민국의 교육 현실을 빗대어 표현한 것입니다.

여러분도 알다시피 한국 학생들은 국제 학업 성취도 평가에서 늘 최상위권 성적을 거두고 있습니다. 하지만 한국 학생들의 주당 공부 시간은 OECD 국가 중에서 가장 많은 70시간에 이릅니다. 위의 예에서 A와 같은 상황이라고 할 수 있겠습니다.

반면에 국제 학업 성취도 평가에서 한국과 1, 2위를 다투는 핀란드 학생들의 주당 공부 시간은 한국 학생들보다 약 30시간이나 적은 40시간이라고 합니다. 위의 예에서 C와 같은 상황이라고 할 수 있겠습니다.

이는 한국 학생들에게만 국한된 상황이 아닙니다. OECD 국가 중에서 최장 시간을 일하고도 노동생산성이 최하위인 나라가 어디인지 아십니까? 죽어라고 일은 하지만 성과는 턱 없이 낮은 '과로의 나라', '열심히만 하는 나라'는 바로 대한민국입니다.

보통사람 vs 천재

'천재'의 의미를 사전에서 찾아보면 '보통사람에 비해 선천적으로 뛰어난 정신능력을 가진 사람'이라고 나옵니다. IQ 210, 네 살 때 적분을 풀고, 열한 살 때 미국항공우주국NASA 선임연구원이셨던 김웅용 교수님처럼, 천재는 '타고 나야만 하는 것'입니다. 보통사람이 엄청난 노력을 해야만 이룰 수 있는 것을 그들은 너무 쉽게 해냅니다. 마치 마법을 부린 것처럼 말이죠.

보통사람과 천재를 단순 비교해 보겠습니다.

```
┌ 보통사람 : A(문제) → B(중간 과정) → C(결론)
└ 천재    : A(문제)         →         C(결론)
```

보통사람이 'C'라는 결론에 도달하기 위해서 'B'라는 중간 과정을 반드시 거쳐야 한다면, 천재들은 과정 B를 건너뛰고 바로 C에 도달할 수 있습니다. 근본적으로 천재의 뇌와 보통사람의 뇌는 정보처리 프로세스 자체가 다릅니다. 그렇기 때문에 천재가 더 많은 지적 성과를 내게 됩니다.

살아가는 동안 우리가 김웅용 교수님 같은 천재를 만날 일은 별로 없습니다. 하지만 경쟁의 측면에서 보면, 나보다 천재인 사람의 수는 어마어마하게 많습니다. 내가 실력으로 이겨야 할 경쟁자들 중에서 나보다 선천적으로 지적 능력이 뛰어난 사람은 (나의 입장에선) 모두가 천재입니다. 어마어마한 능력을 가진 '절대적 천재'는 아니더라도 '상대적 천재'라는 말입니다.

천재들은 절대로 호락호락한 상대가 아닙니다. 시간은 모두에게 공평하고, 그들 역시 열심히 공부하기 때문에 그들과 나와의 간격을 좁히기란 결코 쉽지 않습니다. 마치 주변 풍경이 움직여서 아무리 열심히 뛰어도 제자리걸음을 하는 이상한 나라의 엘리스처럼, 아무리 열심히 해도 우리는 그들을 이길 수 없습니다.

보통사람이 천재를 이기려면?

앞서 말했듯이, 보통사람들은 천재들처럼 단숨에 결론으로 도달할 수 없습니다. 뇌를 업그레이드하지 않는 이상, 중간 과정을 건너뛰는 것은 불가능합니다. 아무리 열심히 노력해도 바꿀 수 없는 '선천적인 차이'가 존재하기 때문입니다. 그렇다면, 어떻게 해야 우리 같은 보통사람이 천재들과 경쟁해서 승리할 수 있을까요? 그 정답은 바로 '효율'이라는 열쇠입니다.

아래 도식을 봐 주시기 바랍니다.

```
┌ 천재      : A → C
└ 노력의 양 :   (5)


┌ 보통사람  : A → B → C        A → B → C
└ 노력의 양 :  (5) (5)            (2) (2)
                          (효율화)
```

보통사람은 A(문제)에서 B(중간 과정)를 건너뛰고 C(결론)로 갈 수 없습니다. 하지만 C로 가는 각 단계에서 불필요한 부분을 없애고, 간소화하는 것은 얼마든지 가능합니다. 예를 들어 보통사람이 C라는 결론에 도달하기 위해 단계별로 필요한 노력을 5라고 한다면, 전체 노력의 양은 'A → B (5)', 'B → C (5)'로서 모두 10이 됩니다. 하지만 각 단계를 효율화하여 노력의 양을 2로 줄인다면, 전체 노력의 양은 4가 되어 천재가 노력한 양 5보다 줄어듭니다. 더 적은 양의 노력으로 천재들과 비슷하거나 더 나은 지적 성과를 얻을 수 있다는 말입니다.

어떤가요? 한번 해 볼만 하지 않은가요?

성적을 올리려면 '많이' 하지 말고 '적게' 하라

공부를 더 해도 모자랄 판에 적게 하라니, 이게 무슨 말일까요?

당황하지 마시고 제 이야기를 들어보시기 바랍니다.

물론, 기존의 해오던 방식과 똑같이 공부하면서 단순히 양만 줄이면 아무 소용이 없습니다. 성적이 오르기는커녕 더 떨어지고 말 겁니다. 하지만 공부를 적게 하고도 오히려 성적을 올리는 방법이 있습니다. 그건 바로 '중요한 것'과 '중요하지 않은 것'을 가려내는 공부 방식입니다. 그러면 도대체 무슨 기준으로 중요한 것과 중요하지 않은 것을 판단해야 할까요?

세계적인 경영학자이자 경영학의 아버지로 불리었던 '피터 드러커' 박사는 이런 말을 했습니다.

> "성과보다 노력이 중요하며, 장인정신 그 자체가 목적인양 착각해서는 안 된다. 일을 위해서가 아니라 성과를 위해 일하고, 군살이 아니라 힘을 길러야 하며, 과거가 아니라 미래를 위해 일해야 한다."
>
> — 피터 드러커, 『매니지먼트·피터 드러커』 (2007년)

'성과'라는 측면에서 볼 때, 우리가 공부를 하는 이유는 무엇일까요? 그 답은 아주 명확합니다. 특별한 경우를 제외하고 학교 시험에서 성적을 잘 받기 위해서, 또는 각종 시험에 합격하기 위해서 공부하는 것이지 진리 추구를 위해 공부하는 게 아니라는 겁니다. 한 마디로 '시험을 위해' 공부하는 것입니다.

그렇기 때문에 우리는 공부를 위한 공부가 아니라, 성과를 위한 공부를 해야 합니다. 불필요한 공부는 하지 않고, 정말로 중요한 공부에 시간과 노력을 집중해야 합니다. 마치 돋보기로 빛을 모아 불을 붙이듯, 지적 성과를 높일 수 있는 활동에만 우리의 귀중한 시간과 노력을 투입해야 합니다. 이 점을 명심하시기 바랍니다.

2
공부법의 미니멀리즘 혁명

> 완벽함이란 더 더할 것이 없을 때가 아니라
> 더 이상 뺄 것이 없을 때 완성된다.
> – 생텍쥐페리(프랑스의 소설가)

'미니멀리즘'이란 '최소한'이란 뜻의 'minimal'에 'ism'을 붙인 '최소한 주의'라는 말입니다. 주로 예술 분야에 많이 쓰이는 용어로, 최소한의 기교로 사물의 본질을 최대한 표현한다는 의미가 담겨 있습니다. 좀 더 쉽게 이야기하면 살을 빼는 것과 비슷합니다. 불필요한 지방은 줄이고 근육을 늘려서 아름다운 몸매를 만드는 것처럼, 불필요한 기교를 줄여서 사물의 본질적인 아름다움을 표현하는 것이지요.

딱딱한 공부법에 미니멀리즘의 기운을 불어넣은 것이 바로 '최소 공부법'입니다. 최소 공부법의 목적은 단순히 적은 양을 공부하는 것이 아닙니다. 시험 점수를 올리는데 도움이 되는 것은 늘리고, 도움이 안 되는 것은 과감하게 줄여서 더 큰 성과를 달성하자는 것입니다. 한마디로 '열심히 하는 공부'가 아니라 '현명하게 하는 공부'라고 할 수 있습니다.

오늘날 우리는 여러 미디어들로 이루어진 정보의 홍수 속에서 살고 있습니다. 의미 있는 정보도 있지만, 불필요한 정보도 많아서 우리의 삶은 과거보다 더 피곤할 때가 많습니다. 아이러니하게도 너무 많은 정보

대표적인 미니멀리즘 작가 알란 찰톤의 작품. 사물의 본질을 심미적으로 표현하였다.
* Alan Charlton, 16 Part Paintings, acrylic on canvas, 36×72cm each, 2008
* 이미지 출처: http://blog.daum.net/kimairyungarts(김애령의 아트 노우트)

가 오히려 우리의 올바른 선택을 방해하기도 합니다. 심리학에서 말하는 '선택의 역설Paradox of choice'이 발생하여 선택의 질은 더 떨어진다고 할 수 있지요.

공부도 마찬가지입니다. 인터넷 강의, 족집게 학원 수업, 해설서, 기본서, 기출문제집, 기출지문정리집, 연습문제집, 예상문제집, 모의고사, 사례 연구집 등 수많은 정보들이 오히려 우리의 공부를 방해합니다. 공부의 본질을 파악하기 위해서는 더하는(+) 것보다 불필요한 것을 덜어내는(-) 것이 지금 시대에서는 더욱 필요하다고 생각합니다.

"무조건 많은 양을 보고, 남들보다 더 열심히 공부해야 합격하는 것이 아니다. 무엇보다 효율적으로 공부하겠다는 마인드가 중요하다."

- 국가직 9급 일반행정 합격, 조커

*출처: '김동률, 『아공법 3.0(문제집 중심의 공무원시험 공부법)』, 법률저널'에서 재인용

양으로 승부하는 공부는 '바늘로 수박 찌르기'

"그건 짧은 바늘 끝으로 수박을 쪼개려는 것과 같아. 그것들은 껍질에 흠집을 낼 수는 있으나, 속살까지는 영원히 도달할 수 없어."

- 무라카미 하루키, 『세계의 끝과 하드보일드 원더랜드 1』 중에서

공부하는 것보다 놀기를 더 좋아하는 철수는 중학생이 된 후 치른 첫 시험에서 81점이라는 높은 점수를 받았습니다. 난생 처음으로 선생님에게 칭찬을 받은 철수는 으쓱한 기분에 더 열심히 공부하기로 다짐했습니다. 예전에는 선생님이 중요하다고 한 것만 필기했지만, 그 후로는 선생님이 수업 시간에 한 이야기를 모두 받아 적었습니다. 교과서를 볼 때도 시험 범위 안의 내용을 놓치는 부분 없이 꼼꼼히 읽었습니다. 그러면서 마음속으로 이렇게 다짐해 봅니다.

'그래, 어디서 문제가 나올지 모르니까 모든 부분이 다 중요해. 기말고사까지 2주일 남았으니까 전부 암기해 버리자.'

철수는 그렇게 좋아하는 TV도 보지 않았고, PC 게임 시간도 줄여 가며 열심히 공부했습니다. 공부를 방해하는 여러 유혹도 있었지만, 철수는 흔들리지 않았습니다. 칭찬해 주신 선생님을 실망시켜 드리고 싶지 않았거든요.

'지난번보다 두 배는 더 열심히 했으니까 1등도 할 수 있을 거야. 최소 2등은 할 수 있지 않을까? 1등을 하면 선생님께서 엄청 칭찬해 주시겠

지. 히히히~'

철수는 설레는 마음으로 시험 결과를 예상해 보면서 흐뭇한 미소를 지어 봅니다.

드디어 시험 결과 발표 날, 하지만 성적표를 받은 철수는 웃을 수 없었습니다. 점수는 83점. 지난번보다 2점 올랐고, 반 석차는 10등에서 8등으로 올랐습니다. 피나는 노력을 한 것에 비해 점수가 많이 오르지 않은 성적에 실망한 철수의 눈가에는 눈물이 맺혔습니다.

'아, 도대체 뭐가 문제지……?'

눈치를 채신 분도 계시겠지만, 위의 '철수 이야기'는 저의 중학생 시절 이야기입니다. 공부를 어떻게 해야 하는지 몰랐던 저는 모든 내용을 무작정 암기하는 것이 공부를 잘하는 방법인 줄 알았습니다. 하지만 이런 공부법은 수박 껍질을 바늘로 찌르는 정도 밖에 효과가 없습니다.

공부를 잘 하기 위해서는 무한정의 시간을 들여 글자 하나하나를 세세하게 보는 것이 아니라, 핵심을 꿰뚫을 수 있는 능력을 키워야 합니다. 열심히 공부했던 철수가 제자리걸음을 할 수밖에 없었던 이유는 목적의식 없이 무작정 양으로만 승부하려고 했기 때문입니다. 바늘 끝으로 수박을 무수히 찔렀을 뿐, 속살까지는 파고들지 못했던 것입니다.

핵심을 찾아내라

저는 서른 살이 넘어서 처음으로 반딧불이를 보았습니다. 달빛마저 없는 밤, 인적이 드문 고요한 숲 속, 모든 것이 어둠으로 가려지고, 저 멀리서 비추던 가로등 불빛마저 사라지는 순간 경이로운 불빛이 다가오듯이 내 앞에 반딧불이가 나타났습니다. 저는 그때의 감동을 지금까지도 잊지 못합니다.

공부에서 핵심을 파악하는 것은 '반딧불이를 보는 것'과 비슷합니다. 핵심을 파악하기 위해서는 마치 어둠이 다른 빛을 가려 주어 반딧불이를 볼 수 있게 해 준 것처럼, 중요도가 떨어지는 부분을 과감히 배제하고 단순화 하는 작업이 필요합니다.

우리는 공부를 하거나 일을 할 때, 필요하지 않은 부분을 배제하고 단순화 하는 작업을 통해서 핵심으로 점점 다가갈 수 있습니다. 그러기 위해서는 무엇보다도 '내용의 구조를 파악하는 것'이 가장 중요합니다. 공부를 할 때, 하나하나의 문장을 읽는 것만으로는 전체 내용의 핵심을 파악하기가 사실상 불가능합니다.

따라서 각각의 내용들이 어떤 유기적 관계를 가지는지, 소주제들은 무엇인지, 어떠한 흐름에서 전체적인 이야기가 전개되는지 등을 알아야만 그 콘텐츠가 궁극적으로 이야기하려는 것을 파악할 수 있습니다. 이를 한마디로 정리하면 '전체 내용을 하나의 큰 그림으로 이해하는 것'이라고 하겠습니다.

공부하려는 콘텐츠의 전체 구조를 알 수 있으면 그것에 살을 붙이는 것도, 혹은 살을 발라내는 것도 쉬워집니다. 핵심을 알고 있기 때문에 어떤 것이 부수적인 내용인지, 어떤 것이 정말 중요한 내용인지를 쉽게 파악할 수 있게 되는 것이지요. 한마디로 그 콘텐츠를 내 마음대로 요리할 수 있는 능력이 생긴다고 보시면 되겠습니다.

콘서트에 가거나 음악 방송을 켜면, 내공이 쌓인 가수가 자유자재로 리듬을 구사하며 자신만의 스타일로 노래 부르는 것을 볼 수 있습니다. 우리는 그런 모습을 보면서 감동을 받곤 합니다. 그런 가수들처럼, 여러분에게도 자신이 원하는 수준의 공부를 마음대로 할 수 있는 능력이 있다고 상상해 보세요. 생각만 해도 가슴이 뛰고 설레지 않습니까?

시험문제 출제자들이 수험생을 시험에 들게 하는 기준은 수험생이 '핵심을 파악하고 있는가, 그렇지 않은가?'입니다. 만약 여러분이 콘텐츠의 핵심을 정확히 파악하고 있다면 그 시험이 객관식이든, 주관식이든, 논술형이든 출제자의 코를 납작하게 해줄 수 있습니다. 하지만 아무리 열심히 공부했더라도 핵심을 파악하지 못했다면, 여러분은 출제자의 농간에 놀아나 좋지 못한 점수를 받게 될 것입니다. 즉 '반딧불이의 불빛을 보았는가, 보지 못했는가?'에 의해 당신과 경쟁자의 차이가 생기는 것입니다.

3
공부하면서 반복하는 실수

> 별로 친하지 않은 친구의 안부가 궁금하고
> 별 내용 없는 TV가 재미있고
> 쌀쌀하던 날씨가 좋아지고
> 대학생이 읽어야 할 필독 도서가 읽고 싶고
> 한 것도 없는데 시간은 또 드릅게 빨리 가는
> 지금은 시험 기간…
>
> - 최대호(시인), '지금은'

왜, 왜, 왜? 도대체 왜 시험 기간만 되면 센티멘털 모드로 바뀌는 걸까요? 왜 삶의 의미에 대해 다시 생각해 보게 되고, 드라마는 왜 그렇게 재미있고 감정 이입이 잘 되는지, 평상시에는 신경도 쓰지 않던 청소를 도대체 왜 하게 되는지…….

시험 기간에는 이렇듯 이상한 일들이 벌어집니다. 감정도 통제 불능이 됩니다. 의욕적이었다가, 좌절의 늪에서 허우적대다가, 우울해(海)에서 둥둥 떠다니다가, 살짝 미쳤다가, 다시 정신을 차렸다가……. 이건 뭐 롤러코스터가 따로 없습니다. 그러다가 마지막에는 이런 생각으로 마무리가 됩니다.

'이번 시험은 망쳤구나. 다음 시험 때는 이러지 말아야지.'

요즘은 뷔페에서 먹을 기회가 많지만, 예전에는 특별한 날에만 먹을 수 있는 귀한 곳이었습니다. 그래서 뷔페에서 먹는 날이면 '반드시 본전을 뽑겠어!'라고 전의를 불태울 정도였지요. 하지만 기억을 더듬어 보면, 그 결과가 만족스러웠던 적은 별로 없었던 것 같습니다. 돌아서고 나면 항상 아쉬움과 후회가 남았으니까요.

그래서 과거의 기억을 떠올려 뷔페에서 음식을 먹는 일련의 과정을 정리해 보았습니다.

1. 뷔페에 가기 전에 굶는다.
2. 미친 듯이 배가 고프다.
3. 뷔페에 도착한다.
4. 욕심을 내어 음식을 마구 접시에 담는다.
5. 너무 배가 불러서 정작 맛있고 비싼 음식은 많이 먹지 못한다.

잠시 쉬어 가는 의미에서 꺼낸 이야기지만, 공감하시는 분들이 꽤 있을 거라 생각됩니다. 그런데 우리가 공부를 하면서 반복하는 실수가 이와 비슷하다고 생각하지 않습니까? 지금이 시험 기간이라 가정하고 읽어 보시기 바랍니다.

1. 시험이 코앞에 닥칠 때까지 공부를 하지 않는다.
2. 시험에 대한 불안감이 점점 엄습한다.
3. 시험이 코앞이다.
4. 욕심을 내어 다 소화하지도 못할 공부를 이것저것 한다.
5. 시간에 쫓겨 제대로 된 공부를 하지 못한다.

배고픔으로 인한 욕심이 우리의 판단을 흐리게 하듯, 공부를 하면서 반복하는 실수들 대부분은 욕심 때문입니다. 욕심에 눈이 멀어 판단력이 흐려진 인간은 불합리한 선택을 하게 됩니다. 즉 무엇이 중요한 것인지를 가려내는 판단력이 흐려지고, 그것이 공부의 질을 떨어뜨리는 것이지요. 목적지로 바로 가는 것이 아니라, 그 주변을 뱅뱅 돌다가 뒤늦게 목적지로 향하는 것입니다. 그 결과, 중요한 것이 무엇인지를 잊어버린 채 시간을 허비하고 맙니다.

시험 문제가 한두 문제 밖에 안 나오는 단원에서 지나치게 많은 시간을 허비한다거나, 이해가 잘 안 되는 부분을 만나면 좌절하여 전체 공부를 망치는 것이 그러한 예입니다. 이런 일이 잘 안 일어날 것 같지만, 정작 당사자가 되어 시험을 앞두게 되면 의외로 자주 경험하게 됩니다. 돌이켜 생각해 보면 스스로 의식하는 경우도 있고, 의식하지 못하는 경우도 있을 겁니다.

만약, 이런 비이성적인 판단을 하지 않도록 도와주는 공부법이 있다면 어떨까요? 공부법을 따라하는 것만으로도 합리적인 판단이 가능하다면, 감정의 늪에 빠져서 시험공부를 망치는 일은 없을 겁니다. 그리고 시간이 부족한 상황에서도 높은 점수를 받을 수 있을 겁니다.

법제처장을 지낸 이석연 변호사의 저서 『책, 인생을 사로잡다』(까만양, 2012년)에는 이런 구절이 나옵니다.

> 어떤 면에서 책은 음식과도 같다. 음식이 사람의 몸을 만들 듯이 책은 사람의 정신을 살찌운다. 배가 고프면 모든 음식이 다 맛있는 것처럼, 나의 청춘 시절의 독서도 그러했다. 그러나 배고픈 사람은 음식의 맛을 제대로 알 수 없다. 허기가 근본적인 음식의 맛일 수는 없기 때문이다.

배고픈 사람은 음식의 맛을 제대로 알 수 없듯이 감정에 휘둘린 공부 역시 제대로일 수 없습니다. 하지만 걱정하지 마세요. 여러분이 이성적, 합리적 판단을 할 수 있도록 돕는 공부법을 알려 드릴 테니, 이제부터 정신 줄을 다잡고 제대로 된 공부를 시작해 보시기 바랍니다.

4
써먹을 수 없는 공부법은 버리자

> 아는 것만으로는 충분치 않다. 적용해야 한다.
> 의지만으론 부족하다. 실행해야 한다.
> Knowing is not enough we must apply.
> Willing is not enough we must do.
> - 요한 볼프강 폰 괴테(독일의 철학자)

기존 공부법 : 추상적 일반론을 제시
최소 공부법 : 구체적인 방법론 + 체계적인 전략을 제시

"그래서, 뭘 어쩌라는 거지?"

공부법에 관한 책을 구입해 읽은 사람들에게서 가장 많이 들었던 말입니다. 그들의 공통된 불만은 실전에 어떻게 적용해야 하는지 감이 잘 잡히지 않는다는 것이었습니다.

호기심이 발동한 저는 실제로 책을 사서 읽어 보기로 했습니다. 온라인 서점에서 공부법 책을 한 권 주문해서 읽어 보니 실제로 그랬습니다. 공부 노하우라고 제시되어 있는 것들은 너무 추상적이었습니다. 극단적으로 표현하면 '열심히 읽고, 열심히 쓰고, 열심히 외워야 한다'는 정도의 내용이 전부였습니다. 제시한 사례들도 너무 단편적이어서 그렇게

와 닿지도 않았습니다.

또한 공부법 책 저자들이 외국인인 경우가 많아서 우리나라 실정과 맞지 않는 부분도 많았습니다. 우리에겐 실전에서 바로 써먹을 수 있는 공부 기술이 필요한데, 시중에 출간된 대부분의 책에는 그런 내용이 없었습니다.

이 책을 기획할 때, 제가 가장 중점을 두었던 부분이 바로 '실전에서 써먹을 수 있는 공부법'이었습니다. 천편일률적으로 틀에 박힌 공부법이 아니라 학습 수준에 따라 맞춤 공부가 가능한 책, 수동적으로 하는 공부가 아니라 학습자가 주체적으로 할 수 있는 실전 공부법 책을 만들고 싶었습니다. 그리고 최대한 많은 사례를 담으려 노력했고, 공부법이 실전에서 어떻게 적용되는지를 자세히 보여주기 위해 각 단계별 세부 전략을 체계적으로 정리했습니다.

공부할 때, 이 책을 옆에 두고 그냥 한 번 적용해 보세요. 처음에는 그냥 따라 해보고, 적응이 되면 자신만의 방법으로 최적화를 해보세요. 그러면 이 세상에 단 하나뿐인 자신만의 최소 공부법이 탄생할 것입니다.

- **기존 공부법** : 소수 천재들의 성공 스토리
- **최소 공부법** : 보통사람들도 쉽게 따라할 수 있는 공부 스킬

고등학교에 다닐 때, 선생님들은 종종 이런 말씀을 하셨습니다.

"너희들도 그 선배들이 했던 것처럼만 하면 좋은 대학에 갈 수 있으니까 열심히 해라!"

그럴싸한 이야기 같지만, 여기에는 중대한 오류가 있습니다. 그건 바로, 우리는 그 잘난 선배와 같은 능력자가 아니라는 사실입니다. 우리 속담에 '뱁새가 황새 따라가면 가랑이가 찢어진다'는 말이 있는데요. 뱁새의 가랑이가 왜 찢어졌을까요? 그건 자신과 다리 길이가 다른 (훨씬 다리가 긴) 황새와 똑같은 방법으로 경쟁했기 때문입니다.

그렇습니다. 다리가 짧은 뱁새는 황새의 전략을 사용하면 안 됩니다. 황새와는 다른 전략, 예를 들어 날갯짓을 좀 더 연습해서 빨리 날아가는 방법을 개발한다든지, 아니면 짧은 다리로 더 빨리 앞으로 치고 나갈 수 있는 '통통 튀는' 점프 방법을 연마하는 방법으로 뱁새만의 차별화된 전략을 세워야 합니다.

제가 무슨 말을 하려는지 이해가 되셨나요?

우리는 그 잘난 선배(황새)가 아니기 때문에 그들이 썼던 방법으로 공부하면 '일단 시도 → 반도 못 따라 함 → 결국에는 좌절'이라는 루프에 빠지고 맙니다. 시중에 나와 있는 많은 공부법 책들이 그럴듯하고 의미 있어 보이지만, 실제로는 공부에 큰 도움이 안 되는 이유가 바로 이 때문입니다. 다시 말하면, 소수 천재들의 이야기이기 때문에 우리와 같은 보통사람들에게 와 닿지 않았던 것입니다.

여러분이 진정으로 공부를 잘하고 싶다면, 스스로에게 질문을 던져 보아야 합니다.

'나는 뱁새인가, 황새인가?'

5
EPL 공부법은 특급열차 티켓

> 지혜는 한계를 인정하는 것이다.
> 이것이 바로 내가 생각하는 '지혜'에 대한 정의다.
> 나는 지혜란 자신이 아는 것과 알지 못하는 것,
> 할 수 있는 것과 할 수 없는 것 사이의 경계를
> 인식하는 데서부터 출발한다고 믿는다.
> — 최인철, 『프레임』(21세기북스, 2007년)

언제가 TV 예능 프로그램에서 한 개그우먼이 자신의 성형 수술에 대해 이야기하는 것을 본 적이 있습니다. MC들이 그녀의 외모가 예뻐졌다며 칭찬을 하자, 그녀는 이렇게 말했습니다.

"의사 말로는 마지노선이 여기까지라고 했어요. 만약 수술대에 더 누우면 관 속에 들어간다고 하더라고요."

요즘의 성형 세태를 풍자한 웃기면서 슬픈 이야기입니다.

이와 마찬가지로 우리의 공부 능력에도 마지노선이 있습니다. 독해력, 수리력, 암기력, 이해력 등 우리가 태어나면서 타고난 능력은 사람마다 다르고, 공평하지 않습니다. 훈련을 아무리 많이 하더라도 타고난 사람, 소위 천재들의 지적 능력을 뛰어넘기는 힘듭니다. 하지만 그렇다고 해서 뱁새가 황새를 영원히 이기지 못하는 것은 아닙니다.

거인 골리앗에 맞서 승리한 다윗처럼, 약자가 강자에게 이기려면 기존과는 다른 전략을 써야 합니다. 다윗은 백병전이라는 기존 전투의 룰을 깨고 상대의 허를 찌르는 돌팔매질로 골리앗을 쓰러뜨릴 수 있었습니다. 마찬가지로, 시험이라는 전쟁터에서 수많은 강자들과 싸워서 살아남으려면 새로운 접근 방식이 필요합니다. 공부에 대한 시각 자체를 바꾸고, 기존과는 다른 전략을 세워야 하는 것이지요.

자신보다 더 뛰어난 천재들과의 경쟁에서 이기려면 기존의 틀에 박힌 공부법에서 벗어나 자유로워져야 합니다. 게임의 룰을 바꾸고, 기존의 낡은 틀도 깨부수어야 합니다. 완행열차 안에서 더 빨리 가려고 발만 동동 구르는 것은 미련한 짓입니다. 더 빨리 가려면 조금 귀찮더라도 특급열차로 갈아타야 합니다.

저는 완행열차를 타고 있는 여러분 손에 특급열차 티켓을 쥐어 주려고 합니다. 이 책에서 설명하는 내용을 찬찬히 읽어 보시고 그대로 따라 해 보세요. 제가 알려 드리는 방법대로 실행에 옮긴다면, 성적표를 받아 들고 한숨짓던 여러분의 얼굴에 미소가 떠오를 것이라 확신합니다.

여러분이 손에 쥐게 될 특급열차 티켓은 바로 'EPL 최소 공부법'입니다. 이 책에서 다루게 될 핵심적인 내용이므로, 구체적인 설명에 앞서 EPL 최소 공부법에 대해 간단히 살펴보도록 하겠습니다.

EPL 최소 공부법의 단계별 전략은 다음과 같습니다.

1단계 : Eliminate - 고정관념 제거하기

첫 번째 단계에서는 공부에 대한 낡은 통념을 뿌리 뽑고, 비효율을 제거하는 방법에 대해 알아볼 것입니다. 기존의 잘못된 믿음(모든 내용을 공부해야 한다, 공부는 열심히 그리고 많이 해야 성적이 오른다, 반복 학습이 중요하다 등)이 얼마나 비효율적인지를 검증하고, 공부의 핵심에 다가갈 수 있는 방법에 대해 이야기할 것입니다.

2단계 : Parallel - 병렬로 공부하기

　모든 시험의 목적은 '전체적인 이해'를 테스트하는 것입니다. 이 책에서는 시험의 특성에 가장 적합한 '병렬 공부'에 대해 소개하고, 적용 방법에 대해 알아볼 것입니다. 이를 통해 자연스럽게 공부의 뼈대가 세워지고, 같은 시간을 공부하고도 더 높은 점수를 얻게 되는 원리에 대해 설명할 것입니다.

3단계 : Link - 모든 것을 연결하기

　마지막 3단계에서는 앞서 완성된 지식 구조를 바탕으로 시너지 효과를 얻는 방법을 다룰 것입니다. 1~2단계가 '군더더기를 제거하고 골격을 완성하는' 단계였다면, 3단계는 '탄탄한 근육을 붙이는' 단계라고 할 수 있습니다. 여기서는 이해력과 암기력의 한계를 뛰어넘는 방법에 대해 구체적으로 다루겠습니다.

　앞으로 설명하게 될 'EPL 최소 공부법'을 충실히 따라한다면, 합격으로 가는 특급열차에 올라타게 될 것이라 확신합니다.
　자, 이제 준비되셨습니까?

토크 타임 talk time ▶

무라카미 하루키와 EPL 공부법

감수성이 예민했던 고등학생 때부터 군대를 가기 전까지 저는 무라카미 하루키의 책을 참 많이 읽었습니다. 세상을 조금 허무하게 바라보는 시각과 성(性)에 대해 과감하면서도 담백하게 표현한 그의 책들이 그 당시에는 마음에 많이 와 닿았던 것 같습니다. 저는 마음에 드는 책은 사서 보는 편이라, 지금도 제 책장에는 그 당시 청춘의 흔적들처럼 무라카미 하루키의 책들이 여기저기 꽂혀 있습니다.

이 책을 쓰던 어느 날, 문득 무라카미 하루키의 작품 속 이야기가 떠올랐습니다. 그의 단편소설 중 하나인 「우리들 시대의 포크로어 - 고도 자본주의 전사」의 한 대목입니다.

> "탄력성이 없어져. 난 잘 알 수 있어. 늘어져 버리는 것이지. 나만 해도 그럴 가능성이 있었어. 우리는 어린 시절부터 쫓겨 다녔어. 잘해라. 더 잘해라 하고 말이야. 그리고 그런 능력이 있는 만큼, 하라는 대로 하지. 그러나 자아의 형성이 그에 따라갈 수 없었던 거야. 그리곤 어느 날, 쩍 늘어져 버리는 것이지. 모럴 같은 것이 말이야."

저는 운동을 잘하는 편이 아니라서 야구나 골프를 할 때, 어깨에 너무 힘이 들어간 나머지 균형이 무너져 잘못된 스윙 자세가 나온다는 지적을 받곤 합니다. 누군가가 그러더군요. 운동을 잘하려면 가장 먼저 '힘을 빼는 것'부터 익혀야 한다고 말이죠.

저를 돌이켜 보았을 때, 과거에 제가 잘못된 방법으로 공부를 하게 된 이유도 잘하려는 욕심으로 마음에 너무 힘을 주어 공부했기 때문이라고 생각합니다. 아이러니하게도 잘하려고 힘을 주면 줄수록 지나친 부담감과 피로감, 그로 인한 실패를 겪게 되었고, 오히려 제가 원했던 결과를 얻지 못할 때가 많았던 것입니다. 그러다 보니 제 마음은 절망과 좌절에 휩싸여 탄력성을 잃어 버렸던 것 같습니다.

불교에는 '생즉고生卽苦(삶은 고통이다)'라는 말이 있듯이, 세상을 살아가는 게 그리 호락호락하지만은 않은 것 같습니다. 그 호락호락하지 않은 삶을 살아가는데 있어서 가장 중요한 것은 나 자신을 잃어버리지 않는 것이라고 생각합니다. 그리고 나 자신을 잃어버리지 않으려면 '마음의 탄력성'을 유지하는 것이 무엇보다 중요하다고 생각합니다. 힘든 일을 겪어도 다시 제자리로 돌아올 수 있는 탄력성 말입니다.

공부를 할 때도 마음대로 안 될 때가 많습니다. 시간도 충분치 않고, 내용은 어렵고, 무얼 어떻게 해야 할지 혼란스러울 때도 많지요. 누구나 이런 과정을 겪지만, 결론적으로 그런 과정들을 겪으면서도 '마음의 탄력성'을 잃지 않는 사람들이 좋은 성적을 얻고 시험에 합격하는 것 같습니다.

노력하는 것보다 더 중요한 것이 바로 '나 자신을 잃지 않는 것'이라고 생각합니다. 당신이 아무리 훌륭하고 멋진 사람이더라도 자신이 누구인지를 잃어버린다면 그건 정말로 큰일입니다.

최근에 저도 뭔가 다른 일을 시도했었는데 보기 좋게 실패하고 말 있습니다. 꽤 많은 공을 들였던 일이라 쓸쓸한 마음이 한동안 저를 지배했습니다. 하지만 지금 이렇게 책상 앞에 앉아 독자 여러분과 함께 나눌 이야기를 쓰고 있다 보니 다시 힘이 솟고, 내 존재가 다시 소중해지는 느낌이 듭니다.

 공부할 때 힘이 너무 많이 들어가 있다면 조금만 빼세요. 좀 더 자연스럽게 내 몸과 마음이 공부에 조금씩 적응할 수 있도록 몸과 마음을 부드럽게 하세요. 그래야만 더 높은 성과를 낼 수 있는 기본 바탕을 마련할 수 있습니다. 너무 자신을 괴롭혀서 몸과 마음이 축 처지지 않도록 하세요. 행여 이미 축 처져 버렸다면, 어서 빨리 본래의 '나다운' 모습으로 돌아오세요.

2장

EPL 최소 공부법의 효과

: 시험에 강해지는 공부의 기술

Eliminate
Parallel
Link

[INSIGHT]

EPL
최소
공부법

1
공속 레벨 업
: 공부 속도가 빨라진다.

저는 성격이 급한 편이라서 지루한 걸 잘 참지 못합니다. 그래서 웹툰이나 드라마를 볼 때도 스토리 전개가 빠른 걸 좋아합니다. 스토리 진행이 느리고 질질 끄는 느낌이 들면 왠지 모를 짜증이 솟구쳐 오르기도 합니다.

'아~ 그냥 딴 거 볼까?'

사람들이 공부를 싫어하는 가장 큰 이유 중의 하나도 바로 지루함 때문입니다. 여러분도 공부를 할 때, 마음은 폭주 기관차처럼 달리고 싶은데 한 장 한 장 책장을 넘기고 있으면 무척 답답했을 겁니다. 마치 진행이 엄청 느린 게임을 하는 것처럼 말이죠. 빨리 이번 단원을 끝내고 다음 단원으로 넘어가야 하는데, 진행 속도는 왜 그렇게 느린지 답답하기만 합니다.

여러분도 공부를 할 때 진행 속도가 너무 느리게 느껴지는 경험을 한 번쯤 해봤을 겁니다. PC 게임이라면 지루한 게임을 지워 버리고 진행 속도가 빠른 게임을 새로 시작할 수 있지만, 공부는 그럴 수가 없습니다. 공부는 아무리 지루해도 끝까지 완주해야만 하는 게임이고, 성공적으로 끝내야만 목표한 결과를 얻을 수 있습니다.

만약에 '공부'라는 지루한 게임의 진행 속도를 더 높일 수 있다면 어떨까요? '공부'라는 게임 캐릭터의 진행 속도를 획기적으로 올릴 수 있는 아이템이 있어서 '1장 클리어, 2장 클리어, 3장 클리어……' 파죽지세로 미션을 모두 끝내고 경쟁자들보다 먼저 엔딩을 볼 수 있다면, '공부'라는 게임이 지금보다는 조금 더 재미있어지지 않을까요?

시험에 도움이 되지 않는 공부를 줄이고, 최소의 학습량으로 최대의 효과를 얻으려면 '공부 속도'를 올려야 합니다. 저는 이 책을 통해서 여러분이 공속(공부 속도)을 2배 이상으로 올릴 수 있도록 도와주려고 합니다. 여러분은 제가 설명하는 EPL 최소 공부법 각 단계를 그대로 따라서 실천만 하면 됩니다.

공속 2배의 아이템을 장착하고 공부를 시작해 보세요. 지금까지 느껴 보지 못했던 엄청난 속도감을 경험하게 될 것입니다.

2
학습능력 레벨 업
: 공부의 차원이 높아진다

    이건 여담입니다만, 제가 모셨던 직장 상사 중에 유독 '일의 속도'를 강조하셨던 분이 있었습니다. 그분은 일을 얼마나 빨리 할 수 있는가로 업무 능력을 평가하셨습니다. 업무 지시가 떨어지면, 우리는 완벽하진 않더라도 가능한 빨리 결과물을 만들어 그분에게 보고하려고 애썼습니다.

    사정이 그렇다 보니, 업무를 처리하는 순간순간이 마치 100미터 달리기를 하는 것 같았습니다. 몇몇 직원들은 그 상사가 일의 완성도보다 속도만 강조한다며 불만을 토로했습니다. 하지만 결론적으로 보면, 업무를 빨리 진행하게 되어 시행착오를 예전보다 더 빨리 경험하게 되었고, 그 시행착오를 바탕으로 업무의 완성도는 더 높아지게 되었습니다. 결국 그해에 우리 부서는 예전보다 완성도 높은 성과물을 더 많이 만들게 되어 높은 평가를 받았습니다.

    '인생은 속도보다 방향'이라는 말이 있습니다. 하지만 이는 우리가 처음부터 방향을 제대로 설정할 수 있다는 전제가 성립해야만 가능한 말입니다. 만약에 방향을 제대로 설정할 자신이 없다면, 때로는 무작정 냅다 뛰는 것도 인생에서는 필요하다는 생각이 듭니다.

    학생이든 직장인이든 게임을 안 해본 사람은 없을 테니, 이번엔 게임 이야기를 해보겠습니다. 게임을 할 때도 캐릭터의 속도가 향상되면 더 많은 지역을 탐험할 수 있고, 더 많은 경험치를 쌓을 수 있으므로 플레이를 할 수 있는 영역이 넓어집니다. 경험치가 쌓이다 보면 어느 순간 한 차원 높은 수준에 오르게 되는데, 게임에서는 이것을 '레벨 업Level up'이라고 합니다. 그리고 레벨 업을 하면 이전에는 쓸 수 없었던 새로운 스킬을 쓸 수 있게 됩니다. 그 결과 새로운 스킬로 인해 게임의 재미는 더해지고, 플레이어는 게임에 더욱 몰입하게 됩니다.

이와 마찬가지로, 공부의 속도가 올라가면 공부할 수 있는 범위가 더 넓어지고, 더 많은 지식을 더 빨리 쌓을 수 있습니다. 그리고 경쟁자보다 더 빨리 레벨 업을 할 수 있게 됩니다. '공부'라는 게임에서도 레벨 업을 하면 쓸 수 있는 스킬이 늘어납니다. 이전에는 이해할 수 없었던 것을 이해하게 되고, 이전에는 풀 수 없었던 문제를 풀 수 있는 능력이 생기게 됩니다. 결과적으로 이전에 없었던 공부 능력이 생기니 공부는 더 흥미로워지고, 공부에 더욱 몰입하게 됩니다.

> 공부 속도 up → 공부할 수 있는 범위 up → 경험치 up
> = 학습 능력 레벨 업(Level up)!

3
자신감 레벨 업
: 공부하고 싶은 의욕이 샘솟는다

"EPL 최소 공부법으로 공부하면 어떤 점이 좋아요?"
"공부를 좀 더 의욕적으로, 주체적으로 할 수 있어요."
한 사람의 독자로서 공부법 책의 문제점이 무엇이냐고 제게 묻는다면, 저는 이렇게 답하고 싶습니다.
"대부분의 공부법 책이 독자를 수동적인 존재로 취급하는 것 같습니다. 즉 기존의 공부법 책에서는 자기가 말하는 게 정답이니까 반드시 그대로 따라야 된다고 강요한다는 겁니다."
그들이 주장하는 공부법에는 조금의 틈도 없습니다. 예를 들어 책에서 50회 읽으라고 했다면, 더도 말고 덜도 말고 딱 50회만 읽어야 될 것 같은 그런 압박감을 준다는 거죠.
저는 조금 삐딱한 편이라서 남이 정해 놓은 방법을 그대로 따라하라고 하면 의욕이 잘 생기지 않습니다. 한 사람에게 맞춤형으로 만들어진 돌베개를 다른 사람이 벤다면 과연 편안할까요? 그 책의 저자와 나는 엄연히 다른데, 저자의 방법을 똑같이 따라한다고 내 공부가 더 나아질까요?
미리 말씀드리지만, EPL 최소 공부법에서는 반드시 어떻게 해야 한다는 식의 절대적 법칙을 강요하지 않습니다. 이 책에서 제공할 수

EPL 최소 공부법은 자신의 공부 환경에 맞춰 최적의 공부법을 찾아낼 수 있도록 도와주는 공부 스킬이다.

있는 것은 80%의 완성품일 뿐, 나머지 20%는 독자 여러분이 실전에서 써먹으면서 자신에게 최적화된 맞춤형으로 만들어야 합니다. 이 책에서 제시하는 공부법은 딱딱한 돌베개가 아니라, 자신의 머리에 맞춰 모양이 변하는 메모리폼 베개 같은 것입니다. 만약 여러분이 EPL 최소 공부법을 사용한다면, 자신의 공부 스타일에 맞춰 자동으로 변형될 것입니다.

제 경험상으로 말씀드리면, 공부든 일이든 주체적으로 할 수 있는 부분이 어느 정도 있어야 의욕이 생긴다는 겁니다. 조금 아이러니한 부분이지만, 독자 여러분이 자율적으로 시도해 볼 수 있는 작은 틈이 있다는 게 EPL 최소 공부법의 매력이라고 말하고 싶습니다. 따라서 이 책에서 제시하는 딱딱하지 않고 말랑말랑한 공부 방법들은 실천을 통해 자신에게 꼭 맞는 공부법으로 재탄생하게 될 것입니다.

4
성취감 레벨 업
: 시험에 강해진다

인생도 공부도 실전입니다. 이론으로 배운 스킬은 실전에서 아무 쓸모가 없듯이, 이론만 가득한 공부법도 실제 시험에서는 무용지물이 될 가능성이 매우 높습니다. 즉 실전과 동떨어진 탁상공론이 될 가능성이 높다는 거죠. 그렇다면 뜬구름 잡는 공부 스킬은 버리고 실전에서 효과를 높이려면 어떻게 해야 할까요?

명색이 '공부법 책'이 공허한 메아리가 되어서는 안 되어야겠기에 최대한 많이 실전 사례를 담았습니다. 또한 시중에 나와 있는 교과서나 문제집에 수록된 내용을 바탕으로 공부법이 구체적으로 어떻게 적용되는지 실제 사례를 통해 분석하고 증명했습니다. 그리고 EPL 최소 공부법을 통해 만들어진 결과물이 실제 시험(공무원시험, 공단·공기업 공채시험, 국가고시, 각종 자격증시험, 수능시험)에서 어떻게 쓰이는지, 어떤 효과가 있는지를 검증했다는 점도 말씀드립니다.

'실전의, 실전에 의한, 실전을 위한 공부 전략서로서 어떻게 하면 독자들이 좀 더 빨리 지름길을 찾을 수 있을까?'
'어떻게 하면 시험에서 더 높은 점수를 받을 수 있을까?'
'시험에서 높은 점수를 받기 위한 실전 기술은 무엇일까?'

저는 이러한 관점에서 접근해 원고를 구성하였고, 부족한 부분은 다양한 자료를 찾아서 보충하였습니다. 또한 여러 공부법들 중에서 실제로 써 봤을 때 효과가 가장 큰 것만 추려서 담았습니다. 따라서 여러분이 이 책에 제시한 공부법을 실제로 사용한다면 작지만 확실한 성공을 경험할 수 있는 것은 물론, 잃어버린 자신감과 공부에 대한 의욕을 되찾을 수 있을 것이라 확신합니다.

5
성공 레벨 업
: 꿈은 이루어진다

집안에 돈도 많고, 남다른 재주가 있어서 사업으로 성공할 자신이 있는 사람은 공부를 뜯어 말리고 싶습니다. 만약 당신이 끼도 넘치고, 노래도 정말 잘 불러서 TV 오디션 프로그램에 나가 우승할 수 있는 능력이 있다면, 공부 대신 그것을 하라고 말해 주고 싶습니다. 운동도 마찬가지입니다. 만약 당신이 특정 종목에서 1등으로 잘 할 자신이 있다면, 공부를 하지 말고 운동을 하라고 말해 주고 싶습니다. 하지만 이 모든 게 아니라면 "공부를 열심히 합시다!"라고 말해 주고 싶습니다.

개천에서 용이 나는 시대는 지났다고 합니다. 하지만 우리가 꼭 용이 되려고 공부하는 건 아니지 않습니까? 그 이유는 제각기 다르겠지만 우리는 좀 더 여유롭고 윤택한 삶, 좀 더 자신이 원하는 삶을 살기 위해서 공부하는 게 아닐까요?

공부는 우리처럼 평범한 사람이 할 수 있는 최고의 재테크라고 할 수 있습니다. 리스크가 가장 낮고, 원하는 사람은 누구나 시작할 수 있습니다. 그리고 실력으로 평가받을 수 있는 확률이 가장 높습니다. 그동안 공부를 소홀히 했던 분이 있다면, 이 책을 읽고 공부를 다시 시작했으면 좋겠습니다.

냉정하게 말해서 우리가 공부를 잘한다고 소위 금수저들을 뛰어넘을

학력 수준이 높을수록 삶의 만족도가 높고, 차별을 받을 확률도 줄어든다는 연구 조사와 관련된 인터넷 신문 기사의 베스트 댓글.

*출처: '행복은 성적순?'… 학벌이 좋을수록 삶의 만족도↑', 연합뉴스(2016. 2.15)

가능성이 크게 높아지는 건 아닙니다. 하지만 공부를 통해서 자신이 원하는 것을 이룬다면, 금수저들에게 조금은 덜 휘둘리는 삶을 살 수는 있습니다. 그리고 자기 인생을 좀 더 자기 주관과 의지대로 살 수 있는 힘이 생깁니다.

> **토크 타임** talk time

병렬 공부란?

솔직히 '병렬'이라는 단어는 초등학교 과학 시간 이후로 잘 안 쓰는 말인데, 왜 굳이 '병렬 공부'라고 했을까요?

사실 처음에는 '병렬 공부' 대신 '가로 공부'라는 말을 쓰려고 했습니다. 왠지 더 직관적이고 쉬워 보이는 느낌이 들잖아요. 하지만 왠지 '가로'라는 단어는 제가 표현하고자 하는 의도를 담기에는 조금 부족하다는 느낌을 지울 수 없어서 마음에 썩 들지 않았습니다. 그러던 도중 우연히 슈퍼컴퓨터가 계산하는 방식(병렬 컴퓨팅)이 제가 말하고자 하는 공부법과 매우 유사하다는 것을 알게 되었습니다.

제가 컴퓨터 전문가가 아니라서 자세히는 모르지만 컴퓨터의 성능 자체를 향상시키는 데는 한계가 있기 때문에, 성능 자체의 향상보다는 문제 처리 방식의 변화를 통해 컴퓨터의 처리 속도를 향상시킨 것을 '병렬 컴퓨팅'이라고 하더군요.

사람의 '지적 능력'에는 한계가 있기 때문에 '공부하는 방식'의 변화를 통해 공부의 효율성과 효과성을 더 높인다는 측면에서 제가 이야기하고자 하는 공부법의 목적과 매우 유사하다고 생각했습니다. 크고 복잡한 문제를 작게 나누어 병렬로 처리하는 방식이 저의 공부법과 일맥상통했던 겁니다. 생각이 여기에 이르자 너무 신기해서 소름이 돋을 정도였습니다.

'병렬 공부'라는 말이 조금 어려워 보이지만 최소 공부법의 의도에 더 적합하고, 사실 좀 더 있어 보이기도 하잖아요. 만약 병렬 컴퓨팅을 알지 못했더라면, 병렬 공부는 그냥 '가로 공부'가 될 뻔한 운명이었던 것이지요.

병렬 컴퓨팅: 병렬 컴퓨팅parallel computing은 여러 개의 연산을 동시에 병렬적으로 처리하는 방법을 의미한다. 좀 더 쉽게 예를 들자면, 2개의 연산을 처리해야 하는 문제가 있는데 2개의 연산이 서로 의존성이 없다면 1개 연산이 완료될 때까지 나머지 연산이 기다리지 않고 동시에 수행하는 것이 병렬 컴퓨팅의 기본 개념이다. (출처: 삼성SDS 블로그)

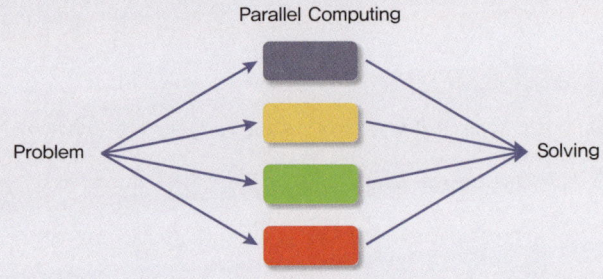

병렬 컴퓨팅 또는 병렬 연산은 동시에 많은 계산을 하는 연산의 한 방법이다. 크고 복잡한 문제를 작게 나눠 동시에 병렬적으로 해결하는 데 주로 사용되며, 병렬 컴퓨팅에는 여러 방법과 종류가 존재한다. 병렬 컴퓨팅은 오래전부터 주로 고성능 연산에 이용되어 왔으며, 프로세서 주파수의 물리적인 한계에 이르면서 문제의식이 높아진 이후에 더욱 주목을 받게 되었다. 최근에는 컴퓨터 사용에 따른 발열과 전력 소모에 대한 관심이 높아지면서 멀티 코어 프로세서를 핵심으로 하는 컴퓨터 구조 분야의 강력한 패러다임으로 떠오르고 있다. (출처 : 위키대백과)

3장 최소 공부법 1단계

: 고정관념 제거하기

Eliminate

EPL 최소 공부법

1
모든 내용을 공부하지 마라
: 시험이 코앞인데, 언제 다 하지?!

　책상 위에 쌓여 있는 책들, 족히 수백 페이지는 되어 보이는 그 두꺼운 책들을 보면 항상 숨이 턱턱 막혔습니다. 싸움의 8할은 기선 제압이라던데, 공부를 시작하기도 전에 엄청난 분량에 질려 싸울 의욕을 잃었던 기억이 떠오릅니다. 공부해야 할 책들에게 기선 제압을 당한 것이지요.

　과거 학생 시절의 저는 시험 범위까지 공부를 다 마무리 짓지 못하고 시험장에 들어가는 상황이 자주 반복되곤 했습니다. 신기하게 공부를 하다 보면 모든 내용이 다 중요해 보였습니다. 그리고 어디서 시험 문제가 나올지 모른다는 불안감 때문에 세세한 부분까지 다 외우려고 애를 썼습니다. 그러다 보니 점점 더 작은 부분에 집착하게 되었고, 결국에는 중요한 부분이 아니라 중요하지 않은 부분에 에너지를 쏟아 붓는 바보 짓을 했던 겁니다. 한마디로 불안감에 휩싸여 공부를 했고, 그 불안감이 집착을 낳아 제 두 눈을 가렸던 겁니다.

　집착하게 되는 연애의 결말이 좋을 리 없듯, 집착하는 공부의 성과 또한 비극으로 끝나곤 했습니다. 달랑 한두 문제가 출제되는 중요하지 않은 단원의 문제에서 남들보다 점수를 더 받는다고 하더라도, 정작 남들이 다 맞히는 쉽고 중요한 문제에서 실수를 하거나 더 많이 틀렸기 때문입니다. 너무나 미련한 짓이었던 겁니다. 하지만 내 공부 방식이 미련한 짓이란 걸 깨닫는 데는 꽤 오랜 시간이 걸렸던 것 같습니다.

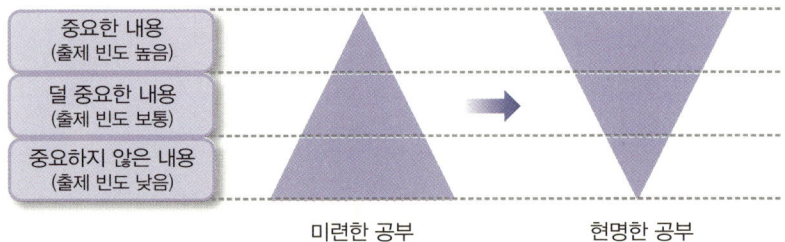

특정 파트에서 하나의 쟁점을 지나칠 정도로 풍부하게 학습하려는 태도는 수험학적으로 바람직한 것이 아니다. (중략) 전 범위에서 전체의 핵심 쟁점들만 정확하게 공부하는 것도 힘들다. 전 범위를 풍부하게 공부할 필요가 없거니와 가능하지도 않다. 전 범위에서 핵심적인 것들만이라도 전부 다 머릿속에 집어넣으려는 공부를 해야 한다.

- 『아공법 3.0(문제집 중심의 공무원시험 공부법)』,
김동률 지음, 법률저널, 137쪽

그럼, 제가 그랬던 것처럼 미련한 짓을 하지 않으려면 어떻게 공부해야 할까요? 방법은 아주 간단합니다. 중요하지 않은 부분은 그냥 건너뛰면 됩니다.

학창 시절에 저는 세부적인 부분을 공부하다가 이해가 잘 안 되는 부분이 나오면 짜증부터 났습니다.

'아, 왜 이해가 안 되지? 혹시 수업 시간에 놓친 게 있나?'

스트레스를 받는 순간 목 뒷덜미와 어깨는 굳기 시작하고, 머리는 점점 더 무거워집니다. 공부할 것들은 아직 산더미처럼 쌓여 있는데, 피로가 스멀스멀 밀려옵니다. 답답한 마음에 잠깐 바람이라도 쐬고 오면, 시간은 또 왜 그렇게 빨리 지나가는지 모릅니다. 그러고는 다시 밤샘 모드로 들어가게 되지요. 창피하지만 저만의 공부법을 깨닫기 전까지 늘 이런 패턴을 반복하곤 했습니다.

세부적이고 공부하기 힘든 내용은 과감하게 그냥 건너뛰어야 합니다. 비틀즈의 노래 가사 'Let it be'처럼 그냥 내버려 두세요. 장담하건데, 당장 이해가 잘 안 되는 건 다시 봐도 이해가 안 될 확률이 98%입니다. 그러니 이해가 안 되는 부분은 미련 없이 내버려 두고 이해하기 쉬운 부분부터 공부하는 게 정신건강에 좋습니다.

그래도 정말 괜찮을까요? 네, 정말 괜찮습니다. 막히는 부분을 건너뛰고 다른 부분을 공부하다 보면 전체 내용에 대한 이해도가 점점 높아지게 되고, 그 결과 이해하기 힘들었던 세부 내용을 더 잘 이해할 수 있게 된답니다.

그리고 이해하기 힘들었던 부분들은 나중에 기억이 더 잘 나는 경우가 많은데요. 이는 우리 뇌가 끝내지 못한 일을 처리하려는 성향을 가지고 있기 때문입니다. 심리학에서는 이를 '첫사랑 효과(자이가르닉 효과)'라고 합니다. 우리가 이루지 못한 첫사랑을 더 강렬하게 기억하는 것도 바로 이런 효과가 작용하기 때문이지요.

이해가 잘 안 되는 부분을 그냥 건너뛰더라도 여러분의 뇌는 그것을 더욱 강렬하게 기억하고, 무의식적으로 계속 그것을 처리하려고 할 것입니다. 그러니 마음 편히 건너뛰세요.

'Let it be~ Let it be~'

다만, 건너뛸 때 한 가지 주의할 점이 있습니다. 어려운 것은 그냥 건너뛰는 대신, 더 쉽고 더 중요한 부분에는 열정을 쏟아 부어야 한다는 점을 잊지 마세요.

EPL 최소 공부법 | 건너뛰기의 기술

1. 요점 정리가 되어 있는 부분이 있으면, 그것부터 먼저 본다.
2. 큰 목차, 중간 목차, 작은 목차를 먼저 훑어본다.
3. 긴 문단은 처음과 끝 위주로 본다.
4. 중심 문장을 찾아 밑줄을 긋는다.
5. 그냥 건너뛰어도 되나 싶을 정도의 내용까지 건너뛰어 본다.

🔍 자세한 내용은 '4장 최소 공부법 2단계 : 병렬로 공부하기'를 참조하세요.

2
입력보다 출력이 중요하다
: 공부한 양과 시험 결과는 별개다

방앗간에서 가래떡 뽑는 걸 본 적이 있습니까? 쌀을 빻아 가루로 만든 후 쌀가루를 쪄서 기계에 넣으면, 기계가 반죽한 뽀얀 가래떡이 작은 구멍에서 길게 뽑아져 나옵니다. 김이 모락모락 나는 뜨끈뜨끈한 가래떡을 그 자리에서 한 입 베어 물면 고소하고 찰진 맛이 입안에 한가득! 말 그대로 꿀맛입니다.

그런데 갑자기 웬 가래떡이냐고요?

가래떡 이야기를 꺼낸 데는 이유가 있습니다. 여러분에게 최소 공부법의 원리를 설명해야 하는데, 적절한 비유가 떠오르지 않았습니다. 그래서 여러분과 같은 수험생의 입장에서 이해하기 쉬운 방법을 생각해 보기로 했지요. 학창 시절로 돌아가 이런저런 생각을 하던 중, 어머니를 따라 방앗간에 가서 보았던 가래떡 뽑는 장면이 떠올랐습니다.

'맞아, 가래떡이야!'

그렇습니다. 생각해 보니 공부하고, 외우고, 시험을 보는 과정이 가래떡을 만드는 과정과 비슷했거든요. 다소 억지로 끼워 맞춘 듯한 측면도 있지만, 제가 설명하려는 최소 공부법의 원리와 너무 잘 들어맞는다는 생각이 들어서 가래떡을 예로 들기로 했습니다. 이제부터 제 설명을 잘 들어보시기 바랍니다.

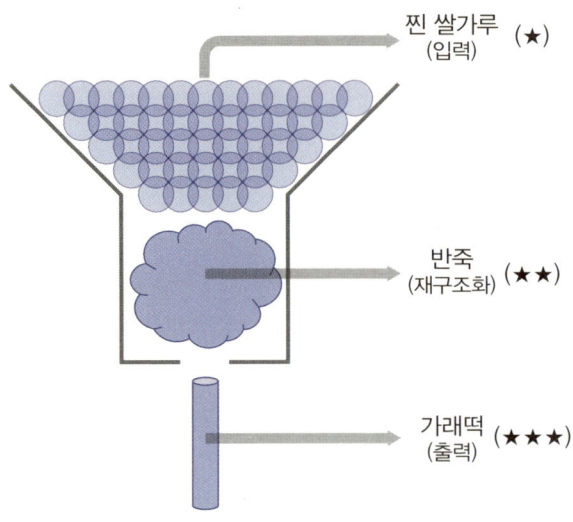

첫째, 여러분이 강의를 듣고, 책을 보고, 필기를 하는 일련의 과정은 '입력' 단계로서, 가래떡을 만드는 재료인 '찐 쌀가루를 기계에 넣는 것'에 비유할 수 있습니다.

둘째, 여러분이 공부한 내용을 이해하고 암기하여 자기 것으로 만드는 과정은 '재구조화' 단계로서, 찐 쌀가루를 '반죽하는' 과정에 비유할 수 있습니다.

셋째, 여러분이 시험문제를 풀기 위해 공부한 내용을 다시 떠올리는 과정은 '출력' 단계로서, 가래떡을 '뽑아내는' 과정에 비유할 수 있습니다.

공부를 하는 것에서부터 시험을 보기까지의 전체 학습 과정을 가래떡 만드는 과정에 비유해서 3단계로 정리해 보았습니다. 혹여 비유가 적절하지 않다고 생각되시더라도 가볍게 읽고 넘어가 주셨으면 좋겠습니다. 최소 공부법의 이해를 돕기 위한 설명이니까 크게 신경 쓰지 않으셔도 됩니다.

  시험을 잘 보려면, 위의 세 가지 단계 중에서 어떤 과정이 가장 중요할까요? 제 생각을 기준으로 우선순위를 매긴다면 1순위는 가래떡을 뽑는 출력 단계이고, 2순위는 쌀가루를 반죽하는 재구조화 단계, 3순위는 쌀가루를 가래떡 기계에 넣는 입력 단계입니다.

  이에 대해서 다음과 같은 의문을 갖는 독자도 있을 겁니다.

  "쌀가루를 많이 넣어야 가래떡을 많이 뽑을 수 있지 않나요?"

  네, 맞는 말입니다. 하지만 엄청난 양의 쌀가루를 넣었는데, 구멍이 막혀서 가래떡이 나오지 않는다면 곤란하지 않을까요? 공부는 정말 많이 했는데, 막상 시험장에서 문제를 풀려고 하니까 어딘가 꽉 막힌 것처럼 아무 생각도 나지 않았던 경험이 있지 않나요?

  여러분들 중에도 그런 상태로 시험을 마치고 나와서 허탈했던 경험이 한두 번쯤 있을 겁니다. 그리고 이런 생각이 들었을 거예요.

  '아, 무엇을 위해 그 수많은 시간을 공부했던가······.'

> 세상에는 두 가지 종류의 지식이 있다. 첫 번째는 내가 알고 있다는 느낌은 있는데 설명할 수 없는 지식이고, 두 번째는 내가 알고 있다는 느낌뿐만 아니라 남들에게 설명할 수도 있는 지식이다. 두 번째 지식만 진짜 지식이며, 내가 쓸 수 있는 지식이다.
>
>   – 네이버캐스트, 「생활 속의 심리학 '또 다른 지적 능력 메타인지'」 중에서, 아주대 심리학과 김경일 교수

  장담하건데, 지금 우리가 하고 있는 공부는 시험장에서 뽑아낼 수 있는 가래떡이 아니라, 시험장에서는 쓸모가 없는 쌀가루를 모으는 것에

더 집중하는 공부법입니다. 공부법의 핵심은 얼마나 많은 쌀가루를 모으느냐가 아니라, 한정된 시험 시간 안에 얼마나 많은 가래떡을 뽑아내느냐 입니다.

더 많은 가래떡을 뽑아 먹으려면, 즉 시험 점수를 더 높이려면 어떻게 해야 할까요? 간단합니다. 구멍이 막히지 않게 좀 더 말랑말랑한 가래떡이 나올 수 있도록 반죽을 잘 하는 것, 그리고 가래떡이 한꺼번에 쑥쑥 많이 나올 수 있도록 구멍을 좀 더 넓히는 작업이 필요합니다. 그렇지 않습니까?

무조건 많은 양을 공부하려는 욕심은 자기만족에 불과할 때가 많습니다. 학습량에 목숨 거는 태도는 시험에 대한 불안감을 해소하려는 용도일 뿐입니다. **공부한 양과 시험의 결과는 별개의 문제입니다. 시험에서 높은 점수를 얻으려면 공부한 것을 내 것으로 잘 만들었는지(재구조화), 공부한 내용을 시험장에서 막히지 않고 잘 떠올릴 수 있는지(출력)를 수시로 확인해야 합니다.** 우리가 본 시험을 치르기 전에 모의고사를 자주 보는 이유도 바로 여기에 있습니다.

공부한 내용을 자기 것으로 만들었는지, 시험장에서 막힘 없이 떠올릴 수 있는지를 손쉽게 확인할 수 있는 방법은 스스로에게 묻고 답하는 것입니다. 공부를 마친 후에는 반드시 공부한 내용을 자신에게 묻고 답해 보세요. 내가 뽑아낼 수 있는 가래떡(공부해서 내 것으로 만든 지식)이 얼마나 되는지를 확인하고, 확인하고, 또 확인하세요. 조금 귀찮기는 하지만 시험 점수를 올리는 가장 좋은 방법 중의 하나입니다.

다음에 제시한 체크리스트를 참고하면 도움이 될 것입니다.

EPL 최소 공부법 | 시험공부 체크리스트

1. 공부한 내용 중 가장 중요한 것 3~5개를 꼽을 수 있다.
   (yes / no) : yes = 1점

2. 공부한 내용의 순서를 모두 기억할 수 있다.
   (yes / no) : yes = 2점

3. 공부한 내용을 그림으로 구조화할 수 있다.
   (yes / no) = yes 3점

4. 공부한 내용 전체를 한 문장으로 요약할 수 있다.
   (yes / no) = yes 4점

5. 공부한 내용을 나만의 방식으로 친구에게 상세히 설명할 수 있으며, 친구가 잘 이해할 수 있다.
   (yes / no) = yes 5점

* 총점 : 15점
* 평가 : 10점 이상이면 Good to go!

🔍 자세한 내용은 '4장 최소 공부법 2단계 : 병렬로 공부하기'를 참조하세요.

3
공부할 땐 자뻑 금지
: 반복 학습 효과를 맹신하지 마라

　공부의 세계에서 '반복 학습'에 대한 믿음은 거의 종교적이라고 해도 과언이 아닙니다. 또한 반복 학습의 효과를 부정하는 사람도 없습니다. 하지만 그 효과를 맹신하여 남용하는 것은 결코 바람직하지 않습니다. 왜냐하면 잘못된 반복 학습이 공부의 효율을 떨어뜨릴 수 있기 때문입니다. 예를 들어 단순한 반복 읽기, 깜지(빽빽이) 쓰기 같은 방법들은 반복 학습에 대한 맹신이 낳은 잘못된 학습법입니다. 한마디로 효과가 거의 없다고 보면 됩니다.

　앞에서 예로 들었던 '가래떡 만들기'에 비유하자면, 단순한 반복 읽기와 반복 쓰기는 무거운 쌀가루를 기계에 계속 들이붓는 행위에 불과합니다. 그 쌀가루가 어떻게 반죽되고, 얼마나 많은 가래떡이 나올 지에 대해서는 전혀 관심이 없는 학습법입니다. 단순한 기계적 반복에 불과할 뿐, 의미 있는 학습으로 연결되지 않는 것이지요. 우리에게 필요한 것은 무의미한 학습의 조각들이 아닌, 유의미한 학습의 덩어리(가래떡)임을 잊으면 안 됩니다.

　누군가가 당신에게 깜지를 쓰라고 하면, 이 책을 보여주면서 당당하게 'No!'라고 말하세요.

　반복 학습의 또 다른 맹점은 당신을 착각에 빠지게 만든다는 겁니다.

공부를 할 때, 최악의 상황은 '내가 모른다는 사실조차 모를 때'입니다. 어떤 내용을 반복해서 읽거나 쓰게 되면, 점점 그 내용에 익숙해지게 됩니다. 그리고 그 익숙함은 '나는 그것을 안다'라는 착각에 빠지게 하여 스스로를 과대평가하게 되는 결과를 초래합니다. 내 실력은 60점인데 마치 90점인 것처럼 느껴지게 한다는 것이지요.

화장실 거울에 비친 자기 모습에 속아 자뻑하면 안 되는 것처럼, 반복 학습이라는 조명빨에 속으면 안 됩니다. 잘못된 착각은 당신의 시험을 망치게 하는 가장 큰 주범입니다. 그럼 자뻑에 빠지는 것을 예방하고, 좀 더 유의미한 공부가 되도록 하려면 어떻게 해야 할까요? 자뻑 방지와 유의미한 학습을 위한 몇 가지 요령을 알려 드릴 테니 참고하시기 바랍니다.

첫째, 모의고사를 자주 본다

모의고사를 많이 봐야 자뻑을 방지할 수 있습니다. 자신이 뭐가 부족한지, 어떤 부분이 취약한지를 알아야만 대비를 할 수 있습니다. 자신의 약점을 받아들이는 것이 얼마나 힘든 일인 줄은 저도 잘 압니다. 하지만 자신의 현재 상태를 있는 그대로 받아들여야만 발전할 수 있다는 것을 꼭 기억하시기 바랍니다.

둘째, 시험과 직접적으로 관련된 공부만 한다

무의미한 반복 학습을 버리고 항상 '이 내용이 시험과 얼마나 관련이 있을까?'라는 관점으로 공부해야 합니다. 그리고 시험과 관련이 적거나, 없을 것 같은 내용은 과감히 건너뛰는 용기가 필요합니다.

셋째, 조각 지식이 아니라 의미 있는 덩어리 지식을 만든다

자잘하게 쪼개진 지식들은 암기하기도 힘들고, 시험장에서 유의미하게 쓰일 가능성도 낮습니다. 자잘한 지식들을 서로 연결하여 '의미 있는 덩어리'로 만들어야 합니다. 지식과 지식을 연결하면 기억력을 강화하는 데도 탁월한 효과가 있습니다.

여러분이 축구 경기를 보면서 가장 답답하게 느낄 때는 언제인가요? 축구를 좋아하는 사람이라면 누구나 경험해 보았을 텐데요. 자신이 응원하는 팀이 상태 팀에 처참하게 지고 있는 상황이면 체념하기 때문에 오히려 마음이 편합니다. 그런데 우리 팀이 볼 점유율도 높고, 슈팅도 훨씬 많이 하는데 정작 골을 못 넣을 때가 있습니다. 이럴 때는 정말 답답해서 미치죠.

공부도 마찬가지입니다. 시험문제와 관련이 없는 내용이거나 시험문제를 푸는데 도움이 되지 않는다면? 말 그대로 '헛방'입니다. 우리에게 필요한 건 시험문제를 풀어낼 수 있는 '확실한 한방(유의미한 학습)'이라는 것을 절대로 잊어서는 안 됩니다.

🔍 자세한 내용은 '5장 최소 공부법 3단계 : 연결해서 공부하기'를 참조하세요.

4
공부는 비벼야 제 맛
: 밥 따로 나물 따로, 그건 비빔밥이 아니야!

먹는 이야기를 하나 더 해볼까 합니다.

한밤중에 끓여 먹는 라면이 야식계의 라이트급 챔피언이라면, 양푼에 밥과 반찬을 투척한 후 고추장과 참기름을 넣어 쓱쓱 비벼서 먹는 양푼 비빔밥은 가히 헤비급 챔피언이라 할 수 있습니다. 잘 비벼진 양푼비빔밥을 한 숟가락 퍼서 야무지게 한 입 먹으면, 한밤의 쓸쓸한 어둠마저도 따스해지는 마법 같은 맛을 느낄 수 있습니다.

저는 공부도 비빔밥과 같다고 생각합니다.

---

1. 밥 = 기본서(교과서)
2. 각종 나물과 반찬 = 기출문제, 선지
3. 고추장과 참기름 = 참고서, 참고 자료

비빔밥의 기본이 되는 밥을 기본서(교과서), 각종 나물과 반찬을 기출문제와 기출선지, 그리고 비빔밥의 감칠맛을 더해 주는 고추장과 참기름은 참고서(참고 자료)에 비유할 수 있습니다. 시험에 강해지는 공부를

하려면, 이 세 가지가 따로따로 노는 것이 아니라 잘 연결되어 하나로 어우러져야 합니다. 마치 잘 비벼진 비빔밥처럼 말이죠.

하지만, (과거의 저 역시도 그랬고) 지금도 많은 사람들이 '기본서, 기출문제, 참고서' 이 세 가지를 비비는 것에는 관심이 없는 공부법으로 공부하고 있습니다. 비빔밥을 시켜 놓고 밥 따로, 반찬 따로, 양념장 따로 먹는 격이지요. 기본서를 공부할 때는 기본서만, 기출문제집을 풀 때는 기출문제집만, 참고서를 공부할 때는 참고서만 열심히 공부합니다.

시험에서는 기본서 내용 따로, 기출문제집 내용 따로, 관련 참고서 내용 따로 문제가 출제되지 않습니다. 이 세 가지가 한데 섞여서 하나의 문제로 출제됩니다. 그런 의미에서 시험은 '비빔밥'이라고 할 수 있습니다. 물론 세 가지를 따로따로 공부해도 머릿속에서 무의식적으로 내용들이 연결되기는 합니다. 하지만 그렇게 해서 시험에 대비하기에는 턱없이 부족합니다. 비빔밥 같은 시험문제를 잘 풀기 위해서는 기본서와 기출문제집, 참고서의 경계를 뛰어넘어 의도적으로 각각의 내용을 서로 잘 비벼 주고, 연결해 주는 과정이 필요합니다.

일명 '비빔밥 공부'의 기술을 알려 드릴 테니, 공부할 때 적극 활용해 보시기 바랍니다.

첫째, 한 권의 기본서로 맛있는 비빔밥을 만들자

가장 마음에 드는 기본서(교과서)를 바탕으로 관련 내용을 서로 연결하고 비벼 주세요. 단권화를 위한 노력이 관련 내용을 연결하고 비비는 과정이라고 할 수 있습니다. 하지만 실제로 단권화를 하는 데는 엄청난 노력과 시간이 듭니다. 앞으로 설명하게 될 '5장 최소 공부법 3단계 : 연결해서 공부하기' 편에서 좀 더 효율적으로 단권화 하는 방법에 대해 알아보도록 하겠습니다.

둘째, 최고의 재료 '기출문제'를 넣어서 비비자

항상 기출문제집을 옆에 두고 공부하는 습관을 가져야 합니다. 기본서(교과서)의 어떤 내용이 어떤 방식으로 출제되었는지, 그리고 어느 정도 수준의 난이도로 출제되었는지 체크하세요. 시험에 임하는 실전 감각을 유지하는데 큰 도움이 될 것입니다.

셋째, 틀린 문제 선지는 자신만을 위한 맞춤 재료다

틀린 문제의 선지에 더욱 집중하세요. 틀린 문제는 자신에게 부족한 부분이 무엇인지를 알려 주는 기준이며, 시험문제의 오답률을 획기적으로 줄여 주는 최고의 맞춤 재료입니다. 어떤 족집게 선생도 가르쳐 줄 수 없는 오직 자신만을 위한 것입니다. 틀린 문제의 선지를 기본서(교과서)의 내용과 비교해 보고 미묘한 뉘앙스의 차이까지 잡아낼 수 있는 능력을 키우세요.

🔍 자세한 내용은 '5장 최소 공부법 3단계 : 연결해서 공부하기'를 참조하세요.

5
버리면 비로소 보이는 것들
: 욕심은 금물, 지금 내가 할 수 있는 것을 하라

교육방송 EBS에서 방영한 「학교란 무엇인가 - 0.1% 비밀」이라는 프로그램에서 자문 역할을 했던 아주대 심리학과 김경일 교수는 '생활 속의 심리학'이라는 네이버캐스트에서 이런 이야기를 했습니다.

"전국 모의고사 석차 0.1%에 들어가는 학생들과 평범한 학생들 간의 가장 큰 차이는 IQ도, 부모의 경제력도, 기억력도 아닌 자신이 얼마만큼 할 수 있는지에 대한 판단 능력, 즉 '메타인지'였다."

혹시 '슬램덩크 Slam Dunk'라는 제목의 만화를 본 적이 있나요?

원작은 1990년부터 일본 만화 잡지에 연재되었고, 후에 애니메이션 영화로 만들어져 폭발적인 인기를 얻었습니다. 우리나라에서는 1993년에 비디오로 출시되었고, 1998년에는 TV에서도 방영되었습니다. 물론 만화로도 출간되었지요. 저 역시 최고의 스포츠 만화로 인정받고 있는 「슬램덩크」를 보았습니다.

저는 만화를 보면서 주인공 '강백호'에게서 많은 감명을 받았는데, 그중의 하나가 '내가 지금 할 수 있는 것'을 한다는 정신이었습니다. 이야기를 꺼낸 김에 만화의 내용을 잠깐 소개하겠습니다.

지역 4강 리그 첫 경기, 강백호는 드디어 자존심을 버리고, 자신이 '지금 진짜로 할 수 있는 것'을 객관적으로 자각하기 시작하면서 팀에 없어서는 안 될 선수로 발돋움합니다. 강백호는 경기 중에 지금 자신이 효과적으로 할 수 있는 것은 화려한 고난이도 기술이 아니라 드리블과 패스, 정확한 슛과 리바운드를 할 수 있는 기초 실력이라는 것을 깨닫습니다.

스스로를 '천재'라고 칭하는 주인공 강백호의 진짜 능력은 '자신이 얼마만큼 할 수 있는지를 판단하는 능력', 즉 메타 인지였다고 생각합니다.

공부는 많은 부분이 감정적인 것과 얽혀 있습니다. '공부'라는 행위의 이면에는 자존심, 학교 또는 사회에서의 지위, 질투심, 우월감, 패배감, 자괴감 등의 '욕망'이 웅크리고 있는 것이지요. 하지만 이 욕망이 지나치거나 왜곡되어 버리면 오히려 공부를 망치는 '독'이 되어 돌아옵니다. 욕망은 자신이 무엇을, 얼마만큼 할 수 있는지에 대한 판단을 흐리게 합니다. 이것은 제가 20년 넘게 공부하면서 깨달은 사실입니다.

본인 스스로 조금은 어른이 되었다고 느낄 때는 부끄럽고 나약한 자신의 모습마저도 인정하고 받아들이는 순간인 것 같습니다. 자존심과 오만함으로 포장된 '나'가 아닌, '온전한 나'의 모습인 것이지요.

공부도 마찬가지가 아닐까요? 현재 수준에서 자신이 가장 효과적으로 할 수 있는 것은 무엇인지, 시험까지 남은 기간 동안 실제로 할 수 있는 것은 얼마나 되는지에 대한 정확한 판단이 이루어져야 제대로 된 공부가 가능합니다.

지금까지 이야기한 내용을 이해하기 쉽도록 표로 정리해 보았습니다. 표의 내용을 읽고 체크해 보면, 자신이 제대로 된 공부를 하고 있는지 아닌지를 파악하는데 도움이 될 겁니다. 제대로 된 효율적인 공부를 하려면 자신에 대한 지나친 과신부터 버리는 태도가 필요합니다.

[공부 스타일 체크리스트]

비효율적인 공부	효율적인 공부
• 연구 또는 탐구하듯이 공부한다. • 모든 내용을 꼼꼼히 공부한다. • 세부적인 내용에 집착한다. • 입력 위주로 공부한다. • 많이 공부하는 것을 중시한다. • 단순한 반복 학습을 선호한다. • 자신의 실력을 객관적으로 보려고 하지 않는다(현실 회피). • 기본서(교과서)와 기출문제를 나누어 따로 공부한다. • 맞힌 문제, 틀린 문제 구분 없이 포괄적으로 공부한다.	• 시험에 대비하여 공부한다. • 중요한 내용을 먼저 공부한다. • 세부 내용에 집착하지 않는다. • 출력 위주로 공부한다. • 내 것으로 만드는 공부를 중시한다. • 단순한 반복 학습을 피한다. • 자신의 실력을 객관적으로 판단하려고 한다(현실 직시). • 기본서와 기출문제를 연결해서 공부한다. • 틀린 문제 위주로 공부하여 오답률을 줄인다.

| **토크 타임** talk time |

모든 것은 연결되어 있다

저는 장르를 가리지 않고 다양한 종류의 음악을 듣는 편입니다. 다른 사람이 제가 보유한 음악 앨범들을 본다면, 조금 혼란스러울 수 있을 정도로 제 음악 취향은 잡식입니다. 펑크, 헤비메탈, 록, 발라드, 팝, 전자 음악, 트로트, 국악 등 정말로 다양합니다.

그런 앨범들 중에서 제가 특히 자주 듣는 앨범은 정통 클래식에 쿠바의 흥겨운 리듬이 조화를 이루는 'Classic meets cuba'와 전통 음악을 현대적으로 재해석한 퓨전 국악 Noriter(놀이터) 1집 '愛pisode'입니다. 서로 다른 장르를 섞어 놓은 크로스오버 앨범들이죠. 비록 오래된 앨범이지만 하나의 음악 장르가 표현할 수 없는 독특한 느낌을 주기 때문에 들을 때마다 소름이 돋곤 합니다.

어떻게 보면 연결 공부를 통해 궁극적으로 제가 독자들에게 전달하고 싶은 것이 바로 이 앨범을 들었을 때, 제가 느꼈던 전율인 것 같습니다.

'어떻게 해서 서로 다른 것들이 연결되고, 한데 어우러질 수 있지?'

개똥철학 아우라를 풍기고 다니던 대학생 시절, 술자리에서 한 선배가 이런 말을 했습니다.

"세상의 모든 것은 서로 동떨어진 게 아니라 연결되어 있어!"

그 선배의 말에 큰 감명을 받고 눈물을 흘렸던 기억이 납니다. 물론 술에 취해서 조금 흥분했던 탓도 있지만, 모든 것이 서로 연결되어 있다고 생각하는 순간 왠지 모르게 이 우주의 공허함과 외로움마저도 사라지는 그런 느낌이 들었거든요. 실제로 인디언 말에 'Mitakuye Oyasin(미타쿠예 오야신)'이라는 표현이 있는데 '모든 것은 연결되어 있다'는 의미라고 합니다.

공부를 할 때 가장 큰 어려움 중의 하나는 '외로움'인 것 같습니다. 마치 나 혼자 세상에서 동떨어져 나온 '고독한 느낌'이랄까요. '나'라는 존재가 희미해져 버린 그런 느낌들 말이죠.

너무 외롭고 힘들 때는 나를 믿어 주는 사람, 나를 소중히 생각해 주는 사람들을 떠올려 보세요. '그냥 했어!'라는 한 마디와 함께 전화를 걸어 보는 것도 좋은 방법입니다. 전화를 걸 사람조차 떠오르지 않는다면, 밤하늘의 수많은 별들을 보면서 '미타쿠예 오야신'이라고 외쳐 보세요. 이상하다고 생각하지 마시고, 그냥 따라해 보시면 효과가 있을 겁니다. (저는 효과가 있더라고요.ㅎㅎ)

대입, 취업 논술을 준비하시는 독자들을 위해 네이버 논술 사전에 '크로스오버'에 관한 글이 있어서 퍼왔습니다. 머리를 식힐 겸 읽어 보시기 바랍니다.

Cross-over : 경계를 자유롭게 넘나든다는 뜻이다. 경계를 넘나들다 보면 다른 것들끼리 서로 섞이기 마련인지라 퓨전(fusion), 하이브리드(hybrid), 컨버전스(convergence)와도 통하는 말이다. 크로스오버의 개념은 주로 대중문화 영역에서 사용되고 있기는 하지만, 대중문화에서부터 정치에 이르기까지 전 분야에 걸쳐 나타나고 있다. 크로스오버의 전성시대라고 해도 좋을 정도다. 크로스오버가 가장 활발하게 일어난 분야는 단연 음악이다. 1950년대에는 흑인들의 블루스와

백인들의 컨트리가 합쳐져서 '로큰롤'이 탄생했으며, 1960년대 말에는 록과 재즈가 손을 잡아 '재즈 록'이라는 퓨전 장르가 탄생했다. 랩에 재즈가 들어가면 '재즈 랩'이 되고, 록이 들어가면 '랩 록'이 된다. (중략) 크로스오버와 관련해서 서울대 행정대학원 김광웅 교수는 다음과 같이 주장했다.

"정부는 융합의 시대로 접어들었음을 인식하고 기능 간의 경계를 뛰어넘는 크로스오버를 지향해야 한다. 한 분야에 집착해선 안 된다. 융합의 시대에는 네트워크가 당연시 되고, 전략적 제휴와 가상 조직 등이 활성화되며, 수평 커뮤니케이션이 가능한 평면적 위계질서를 선호하게 된다. 하이어라키(hierarchy)가 아니라 헤테라키(heterarchy)다."

(출처 : 네이버 선샤인 논술사전)

4장 최소 공부법 2단계

: 병렬로 공부하기

Parallel

**EPL
최소
공부법**

1
공부하기 싫어서 탄생한 공부법
: 할 수 있는 것만이라도 확실히 하자

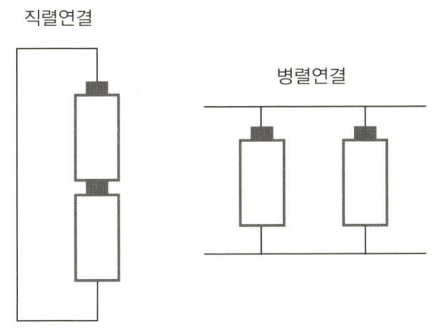

과학 시간에 건전지와 전구를 연결해 본 경험이 있을 겁니다. 건전지를 서로 다른 극끼리 한 줄로 연결하는 것을 직렬연결(그림 왼쪽), 같은 극끼리 나란히 연결하는 것을 병렬연결(그림 오른쪽)이라고 합니다. 여기에서 설명하게 될 병렬 공부는 건전지의 병렬연결과 아주 비슷합니다.

여러분이 공부하는 교재의 각 장chapter을 살펴보면, 대부분은 왼쪽 그림과 같은 구조로 되어 있습니다. 마치 건전지 3개를 직렬로 연결한 것처럼 보입니다. 좀 더 구체적으로 살펴보면 '핵심 내용'과 그 핵심 내용을 뒷받침하는 '세부 내용', 그리고 그 세부 내용을 다시 뒷받침하는 '더 세부적인 내용'이 서로 연결되어 하나의 장을 이루는 구조입니다. 우리가 지금까지 공부하면서 많이 봐 왔던 익숙한 형식입니다.

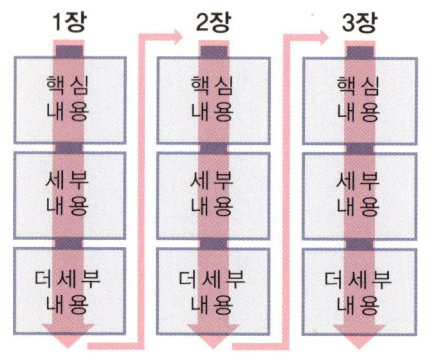

우리는 이처럼 직렬로 연결된 각 장의 내용을 천편일률적으로 왼쪽 그림에서 화살표 방향으로 공부하고 있습니다. 핵심 내용과 세부 내용의 구분 없이 왼쪽 그림처럼 각 장이 배열된 순서에 따라 위에서 아래로 쭉 공부해서 1장을 끝냅니다. 그런 다음 2장을 처음부터 끝까지 쭉 공부하고, 2장을 공부한 후 3장을 처음부터 끝까지 쭉 공부합니다.

하지만 이러한 공부법은 매우 비효율적입니다. 즉 공부한 만큼 성적이 나오지 않는다는 것이지요. 그 이유는 이 책을 읽고 나면 자연스럽게 알게 될 테니, 멈추지 마시고 끝까지 읽어 주시기 바랍니다.

제가 여기서 알려 드릴 EPL 최소 공부법은 거창하지 않고 아주 간단합니다. 아래 그림에서 볼 수 있듯이 건전지를 병렬로 연결한 것처럼 핵심 내용은 핵심 내용끼리, 세부 내용은 세부 내용끼리 공부하는 방법입니다.

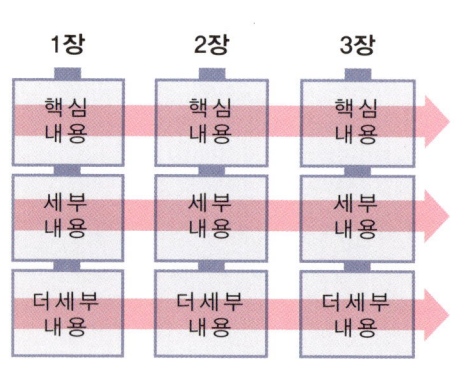

즉 가장 중요하고 핵심적인 내용을 전체적으로 먼저 공부하고 나서 세부 내용을 공부하는 것입니다. 뷔페에서 이것저것 먹지 않고 전략적으로 골라서 먹는 것과 같습니다. 가장 비싸고 맛있는 음식부터 양껏 먹고 나서 다른 음식을 먹어야 하는 것처럼, 공부를 할 때도 가장 중요하고 핵심적인 내용을 먼저 충분히 공부한 후 나머지 세부적인 것들을 공부해야 한다는 겁니다.

사실 병렬 공부는 공부 효율성이 엄청 떨어지던 시절, 공부하기가 너무너무 싫어서 머리를 쥐어뜯다가 우연찮게 발견한 공부법입니다. 시간은 부족하고, 공부해야 할 분량은 어마무시한 상황에서 시험을 포기해야 하나 말아야 하나 고민하던 중, 거의 포기하는 심정으로 시도해 본 방법이었습니다.

'어차피 다 공부하지도 못할 거, 어렵고 자질구레한 거 다 집어치우고 내가 공부할 수 있는 것만이라도 확실히 하자!'

이런 심정으로 공부를 했는데, 이게 웬일입니까? 오히려 예전보다 전체 내용을 더 잘 이해하게 되었고, 시험 성적도 공부한 시간에 비하면 꽤 괜찮게 나온 겁니다. 적은 시간에 굉장히 효율적으로 공부했다는 그런 느낌도 들었습니다. 그 후로 저는 여러 번의 시험을 치르면서 이 방법을 다시 적용해 보았고, 조금씩 다듬어 가면서 저만의 공부법으로 발전시킬 수 있었습니다. 아이러니하게도 좌절과 포기의 순간에 이르러 하나의 효율적인 공부법을 탄생시켰던 겁니다.

뒤에서 자세히 설명하겠지만, 병렬 공부의 장점을 간단하게 말씀드리겠습니다.

병렬 공부는 핵심적인 내용에 좀 더 많은 공을 들이는 공부법입니다. 핵심을 확실하게 이해하면 나머지 세부적인 내용들을 더 빨리, 더 쉽게, 더 효율적으로 이해하고 암기할 수 있기 때문이지요.

병렬 공부는 공부한 내용을 재구조화(쌀가루를 반죽하듯이 공부한 내용을 재구성하는 것)하는 데 초점을 두고 있습니다.

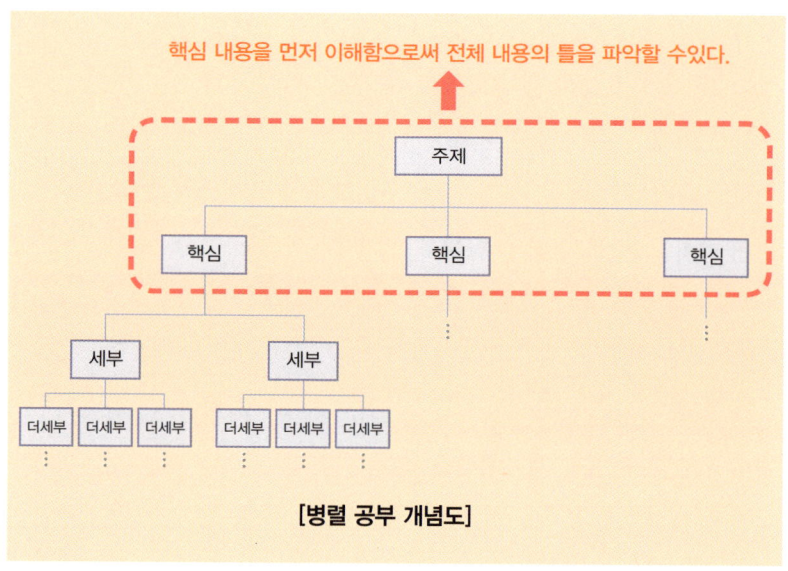

[병렬 공부 개념도]

    공부한 내용을 시험장에서 막히지 않고 뽑아내려면 내 것으로 만드는 과정이 굉장히 중요합니다. 각 장의 핵심적이고 쉬운 내용부터 먼저 이해하고, 그것을 바탕으로 전체 그림을 미리 파악하는 것, 이것이 병렬 공부에서 가장 중요한 포인트입니다. 전체 그림을 먼저 파악하고 나서 세부적인 내용을 보면 그것이 전체에서 어떤 의미를 갖는지, 중요한 내용인지 아닌지를 쉽게 알 수 있어서 공부의 완급 조절과 시간 배분이 가능합니다.

2
병렬 공부의 효과
: 같은 시간을 공부하고 점수를 2배로

공부 부담을 줄이자

책을 처음부터 끝까지 읽어 나가면서 세세한 부분까지 모두 공부하려는 방식, 즉 직렬연결식 공부는 학습자에게 큰 부담을 줍니다. 왜냐하면 너무 세부적인 부분까지 한 번에 다 이해하고 암기하려는 목적으로 공부하기 때문입니다. 그래서 마치 전기 회로의 직렬연결처럼 저항 값이 커지는 것이지요.

반면에 병렬 공부는 공부의 호흡이 짧습니다. 또한 이해하기 쉬운 부분부터 순차적으로 학습이 이루어지기 때문에 학습자의 부담을 줄여 줍니다. 즉 중요한 것과 중요하지 않은 것, 쉬운 것과 어려운 것을 한꺼번에 공부하는 게 아니라, 중요한 것과 쉬운 것부터 먼저 공부해서 충분히 이해한 후에 중요하지 않은 것과 어려운 것을 공부하기 때문에 학습에 대한 부담이 크게 줄어드는 것이지요.

세부 내용에 집착하지 말자

흔히 인간은 감정의 동물이라고 합니다. 하지만 공부를 할 때는 이 감정이 방해 요소가 됩니다. 예를 들어, 어렵거나 이해가 잘 안 되는 세부적인 내용에 너무 집착하여 전체 공부를 망치게 되는 경우가 그렇습니다. 이성적으로 판단해 보면 그런 부분은 건너뛰고 그 시간에 자신이 이해할 수 있는 다른 부분을 공부하는 것이 훨씬 더 이득입니다.

하지만 실제로는 그렇게 행동하기가 쉽지 않습니다. 우리들 머릿속에는 시험을 잘 보려면 세부적인 내용까지 샅샅이 공부해야 한다는 고정관념이 자리 잡고 있기 때문입니다. 그러다 보니 세부적인 내용, 어려운 부분, 이해가 안 되는 부분에 집착하여 전체를 보지 못하게 되고, 그로 인해 학습 효율과 의욕은 점점 떨어지게 됩니다. 이럴 때 병렬로 공부하면 그러한 상황을 예방할 수 있습니다. 병렬 공부는 핵심 내용에 중점을 두고 우선순위를 정해서 공부하기 때문에, 세부적인 내용에 집착하여 학습 효율이 떨어지는 사태를 미연에 방지할 수 있는 것이지요.

거시 프레임 제공

병렬 공부는 학습자에게 '거시적 프레임 macroscopic frame'을 제공해 주기 때문에, 학습자는 전체를 머릿속에 그리면서 세부적인 내용을 학습할 수 있게 되어 경쟁자보다 더 빨리, 더 효과적으로 내용을 이해할 수 있습니다. '5차원 전면 교육'으로 유명한 원동연 씨의 저서 『5차원 독서법과 학문의 9단계』(김영사, 2003년)라는 책에는 다음과 같은 글이 있습니다.

전체를 본 후 부분을 보면 보지 못하는 것을 볼 수 있게 되고, 해결하지 못하는 문제를 해결하게 되며, 암기하는 데도 도움이 된다. (중략) 퍼즐 조각만을 보고 어떻게 끼워 맞추어야 하는지 모르는 사람에게 그 퍼즐의 완성된 모습을 보여주면 그 사람은 곧바로 퍼즐을 맞추어 갈 것이다. 전체적인 모습 속에서 그 조각들이 어디쯤에 위치하는지를 알아냈기 때문이다.

학습할 내용의 큰 틀을 먼저 이해하고 나서 세부적인 내용을 공부하는 사람과 큰 틀에 대한 이해 없이 처음부터 맨땅에 헤딩하는 식으로 세부적인 내용을 공부하는 사람 중에서 누가 더 높은 점수를 받을까요? 전체를 보지 못하고 부분부터 이해하려는 시도는 군맹평상群盲評象, 즉 맹인이 코끼리를 말하는 격이라고 할 수 있습니다.

여러분이 다음과 같은 시험을 준비한다고 가정해 보겠습니다.

- 시험 범위 : 1장 ~ 3장
- 시험 문제 : 총 25문제, 총점 100점
- 시험 난이도
  - 하~중 : 총 12문제(1장 : 4문제, 2장 : 4문제, 3장 : 4문제)
  - 중~상 : 총 9문제(1장 : 3문제, 2장 : 3문제, 3장 : 3문제)
  - 상~최상 : 총 4문제(1장 : 1문제, 2장 : 1문제, 3장 : 2문제)
- 노력의 양을 수치화 할 수 있다고 가정할 때
  - 통독하는데 드는 노력 : 1
  - 정독하는데 드는 노력 : 3
  - 여러 번 정독하는데 드는 노력 : 6

- 일반적으로 이해할 수 있는 수준
    - 핵심 내용 : 통독으로 이해 가능
    - 세부 내용 : 정독으로 이해 가능
    - 더 세부적이고 어려운 내용 : 여러 번 정독해야 이해 가능
- 시험 문제 출제 범위
    - 난이도 '하~중' 문제 : 핵심 내용에서 출제
    - 난이도 '중~상' 문제 : 세부 내용에서 출제
    - 난이도 '상~최상' 문제 : 더 세부 내용 또는 어려운 내용에서 출제

이를 그림으로 표현하면 다음과 같습니다.

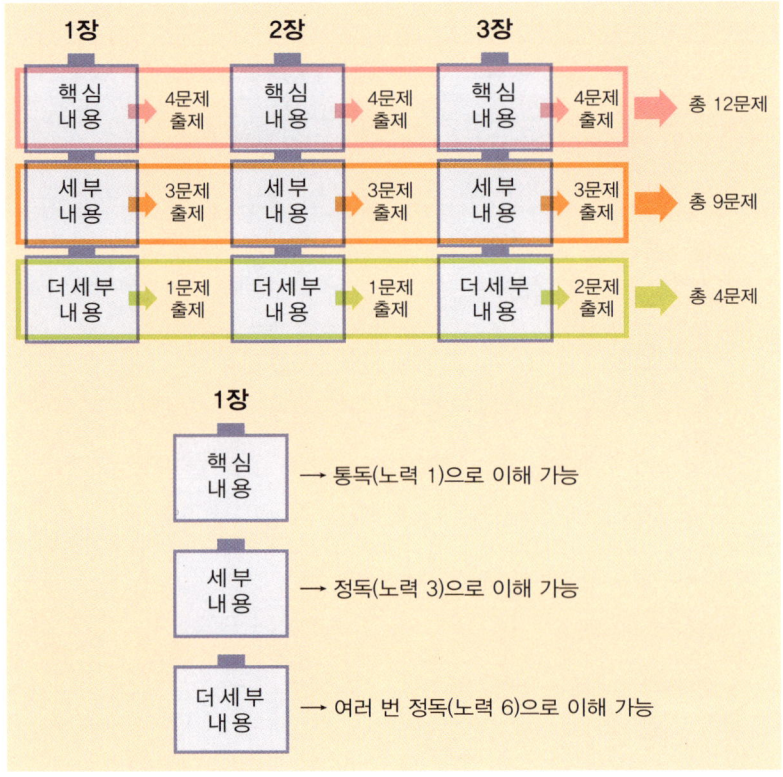

이를 좀 더 이해하기 쉽게 쌀가루와 가래떡으로 비유하면 다음 그림과 같습니다. 젓가락질을 최소로 하면서 최대한 많은 가래떡을 만들려면 어떻게 해야 할까요?

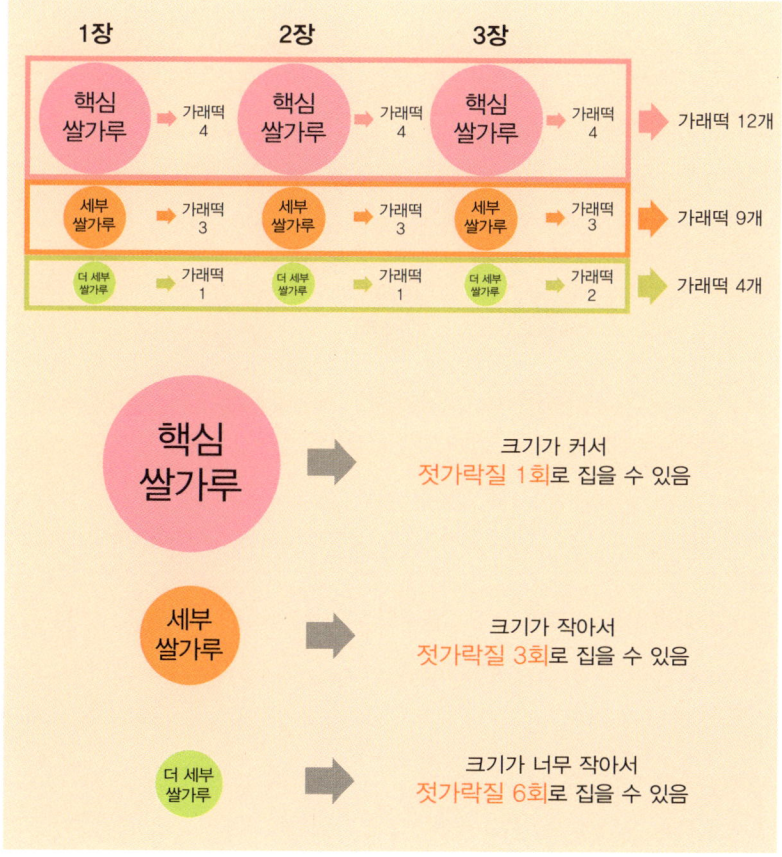

가래떡의 개수와 쌀가루의 크기에 따른 젓가락질 횟수가 위와 같을 때 직렬로 공부할 경우, 젓가락질 10회로 최대한 만들 수 있는 가래떡(맞힐 수 있는 문제)은 몇 개일까요?

- 젓가락질 1회 : 핵심 쌀가루 1개 → 가래떡 4개
- 젓가락질 3회 : 세부 쌀가루 1개 → 가래떡 3개
- 젓가락질 6회 : 더 세부 쌀가루 1개 → 가래떡 1개
- 결과 : 젓가락질 10회 → 가래떡 8개(총 8문제, 8×4점 = 32점)

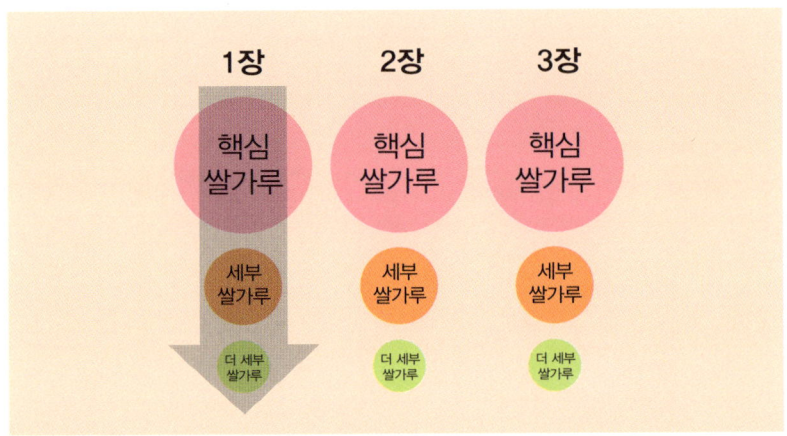

직렬로 공부할 경우에는 젓가락질 10회로 1장만 공부할 수 있으므로, 8문제(32점)를 맞힐 수 있다.

반면에 병렬로 공부할 경우, 젓가락질 10회로 최대한 만들 수 있는 가래떡(맞힐 수 있는 문제)은 몇 개일까요?

- 젓가락질 1회 : 1장의 핵심 쌀가루 1개 → 가래떡 4개
- 젓가락질 1회 : 2장의 핵심 쌀가루 1개 → 가래떡 4개
- 젓가락질 1회 : 3장의 핵심 쌀가루 1개 → 가래떡 4개
- 젓가락질 3회 : 1장의 세부 쌀가루 1개 → 가래떡 3개
- 젓가락질 3회 : 2장의 세부 쌀가루 1개 → 가래떡 3개
- 젓가락질 1회 : 3장의 세부 쌀가루 1/3개 → 가래떡 1개
- 결과 : 젓가락질 10회 → 가래떡 19개(19문제, 19×4점 = 76점)

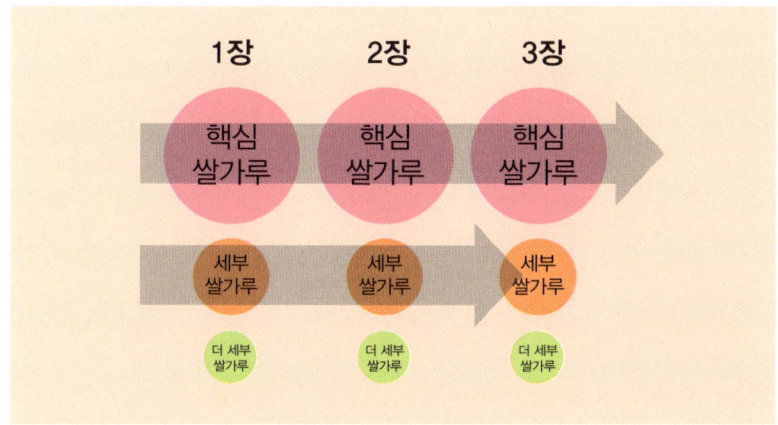

병렬로 공부할 경우에는 젓가락질 10회로 1장~3장까지 공부할 수 있으므로, 19문제(76점)를 맞힐 수 있다.

앞의 가정을 전제로 한 위의 계산은 병렬 공부를 함으로써 얻을 수 있는 다른 효과(공부 부담 감소, 세부 내용 집착 방지, 거시 프레임 제공)를 제외하고, 순수하게 병렬 방식으로만 공부했을 때의 결과입니다. 그 효과까지 감안한다면 병렬 공부의 효과는 더욱 커질 것입니다.

심리적으로도 미리 예상 점수를 확보하고 공부하는 것과 그렇지 않은 것은 큰 차이가 있습니다. 자신이 얻을 수 있는 예상 점수를 미리 확보해 놓으면, 불안감이 줄어들어서 좀 더 안정적으로 공부할 수 있기 때문입니다. 그렇게 되면 공부의 효과는 당연히 더 올라갈 것입니다. 특히 여러 과목을 동시에 공부해야 하는 경우에는 자신이 취약한 과목에 시간을 더 투입할 수 있기 때문에, 더욱 효과적입니다.

어떻습니까? 병렬로 공부하지 않을 이유가 없겠지요.

3
병렬 공부의 실전 기술

병렬 공부는 다음과 같이 3단계로 구분할 수 있습니다.

1단계는 방대한 학습 내용 중에서 중요하고 핵심적인 내용만 골라서 공부하는 '핵심 내용 모으기' 과정입니다. 가래떡 만들기에 비유하자면, 쌀가루를 모으는 과정이라고 할 수 있겠습니다.

2단계는 공부한 핵심 내용들을 모아서 각각의 체계로 만드는 '구조화' 과정입니다. 가래떡 만들기에 비유하자면, 모은 쌀가루를 반죽해서 작은 덩어리로 만드는 과정이라고 할 수 있겠습니다.

3단계는 구조화한 것을 모아서 하나의 틀을 세우는 '틀(거시 프레임) 만들기' 과정입니다. 가래떡 만들기에 비유하자면, 작은 쌀가루 반죽 덩어리들을 하나의 큰 덩어리로 반죽하는 과정이라고 할 수 있겠습니다.

[병렬 공부 3단계]

1단계 : 핵심 내용 모으기 → 핵심 내용만 공부
2단계 : 핵심 내용 반죽하기 → 핵심 내용을 모아서 구조화
3단계 : 거시 프레임 만들기 → 구조화한 것을 모아서 전체를 파악

병렬 공부 1단계 : 핵심 내용 모으기

> 핵심 내용 = 목차 + 중심 내용

병렬 공부에서 가장 먼저 해야 하는 일은 '핵심 내용을 모으는 것'입니다. 공부할 내용의 수준은 어떤지, 어떤 내용들로 구성되어 있는지를 알기 위해 학습할 내용을 통독하면서 목차와 중심 내용 같은 굵직굵직한 것만 공부하는 것이지요. 마치 사격 게임에서 큰 타깃을 먼저 맞춘 후 작은 타깃을 맞추는 것처럼, 시험에서 높은 점수를 얻기 위해서는 가장 핵심적이고 이해하기 쉬운 것부터 먼저 공부한 후에 세부 내용으로 들어가는 것이 좋습니다.

각종 학원이나 공부법 책에서 중심 내용을 찾는 방법에 대해 설명해 주고 있지만, 실제로 공부를 한다거나 시험을 준비하는 데는 그다지 도움이 되지 않는다는 걸 경험해 보았을 겁니다. 왜냐하면 방법이 복잡할 뿐만 아니라, 막상 실전에서 쓰려고 하면 시간이 너무 많이 걸리기 때문입니다. 중심 내용을 찾는 목적은 시험에서 '답'을 찾기 위해서인데, '찾는 것' 자체에 너무 몰두해 버리면 오히려 시험을 망칠 수 있습니다. 마치 리모컨을 찾기 위한 리모컨을 만드는 바보짓과 같은 것이지요.

제가 추천하는 방법은 '중요해 보이는 부분에 연필로 밑줄을 긋는 것'입니다. 한마디로 '감'으로 찾는 방법인데, 중요해 보이는 문장이나 여러 내용을 아우를 것 같은 문장에 밑줄을 긋는 것이지요. 그런데 밑줄 그은 부분이 중심 내용이 아닐 경우에는 어떻게 해야 할까요? 그럴 때는 지우개로 지우면 됩니다. 처음에는 중요해보였는데, 다시 보니 아닌 경우도 있을 겁니다. 아마 통독을 끝낸 후에 밑줄 그은 부분을 다시 보면 수정할 부분이 반드시 생길 겁니다. 그때 지우개로 지우고 다시 밑줄을 그으면 됩니다. No problem!

밑줄 긋기 방법은 아래 그림을 참고하시기 바랍니다.

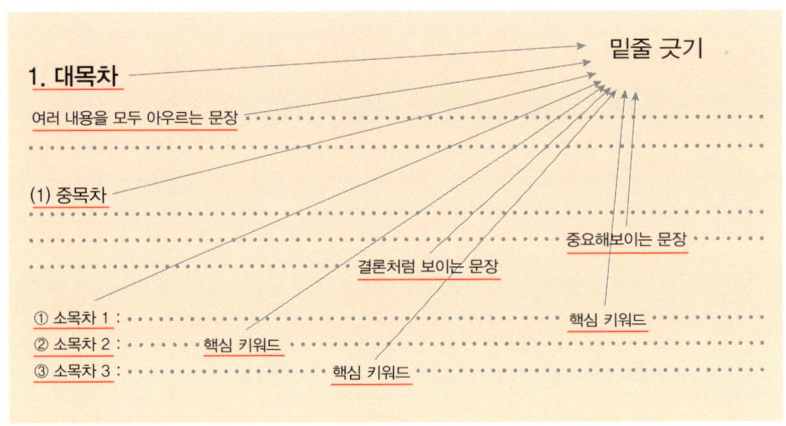

병렬 공부 2단계 : 핵심 내용 반죽하기

병렬 공부 1단계 '핵심 내용 모으기'에서 파악한 목차와 중심 내용을 가지고 어느 것이 상위 개념이고, 어느 것이 하위 개념인지를 분류하여 서로 묶는 작업이 병렬 공부 2단계인 '핵심 내용 반죽하기'입니다.

시험을 볼 때 굉장히 안타까운 순간이 있습니다. 내용은 알겠는데, 그 내용이 어디에 속하는지 몰라서 틀리는 경우가 그렇습니다.

'A에 대한 설명이 아닌 것은?'

눈치를 채셨겠지만 시험에 가장 많이 나오는 문제 유형 중 하나입니다. 그런데 이런 문제의 보기를 보면, 분명히 알고 있는 내용인데 A에 속하는 내용인지 아닌지 헷갈려서 틀리는 경우가 많습니다. 미치고 팔짝 뛸 것 같은 순간이지요. 이런 상황을 미연에 방지하는 방법이 바로 '작은 그림 그리기'입니다. 즉 어디에 어떤 내용들이 속하는지 명확히 하는 것, 한마디로 내 머릿속 서랍장을 정리하는 작업이라고 할 수 있습니다. 아래 그림은 핵심 내용을 분류하여 그룹화하기 위한 트리맵입니다. 참고하시기 바랍니다.

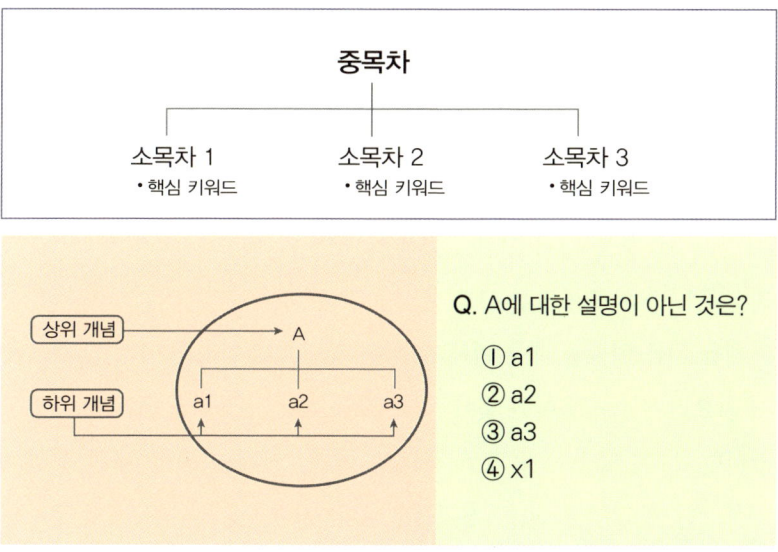

상위 개념과 하위 개념을 정리하는 '작은 그림 그리기'와 문제 유형

　　시험에서의 승패는 '정리된 서랍장'을 누가 더 많이 가지고 있느냐로 결정됩니다. 상위 개념과 하위 개념을 분류해서 머릿속에 정리하는 작업을 도식으로 표시하였으니 참고하시기 바랍니다.

병렬 공부 3단계 : 거시 프레임 만들기

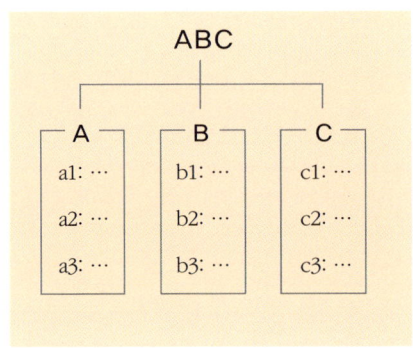

핵심 내용을 구조화하기 위해 만든 트리맵

병렬 공부 3단계는 2단계에서 반죽하여 작은 덩어리로 만든 핵심 내용들을 서로 연결해서 전체를 볼 수 있는 큰 그림을 그리는 과정, 즉 거시 프레임을 만드는 작업입니다. 예를 들어, 각 단원별 주제가 'A, B, C'이고, 그 핵심 내용들이 'a1, a2, a3, b1 …… c3'로 파악되었다면, 전체 주제는 'A, B, C'를 통합한 'ABC'가 될 것입니다(위 그림을 참조).

책을 처음 읽었을 때는 이해가 잘 안 됐던 부분이라도 여러 번 반복해서 읽으면 '아, 이게 이런 뜻이구나!' 하고 깨닫는 경험을 해본 적이 있을 겁니다. 이는 단순하게 앞뒤 문맥이 아닌, 전체 구조에 대한 통찰이 있어야만 이해할 수 있는 경험들입니다. 그런데 이런 방식으로 공부해서 전체를 파악하려면 여러 번 반복해야 하므로 시간이 걸릴 수밖에 없습니다. 이에 반해 병렬 공부는 처음부터 전체 구조를 자연스럽게 파악할 수 있기 때문에, 기존의 공부법으로는 수차례 반복해야만 깨달을 수 있는 통찰력을 손쉽게 얻도록 해줍니다.

참고로 핵심 내용을 구조화하는 도구tool에는 위의 그림과 같은 트리맵Tree Map을 비롯해서 마인드맵, 버블맵, 브레이스맵, 플로맵 등 여러 가지가 있습니다. 하지만 실제로 사용해 보면 트리맵이 전체 구조를 파악하는데 가장 쉽고 효율적입니다. 그 외의 구조화 도구들도 공부한 내용을 유형별로 정리할 때 매우 유용하기 때문에 이 책의 '7장 최소 공부법 활용 툴'에서 설명하겠습니다.

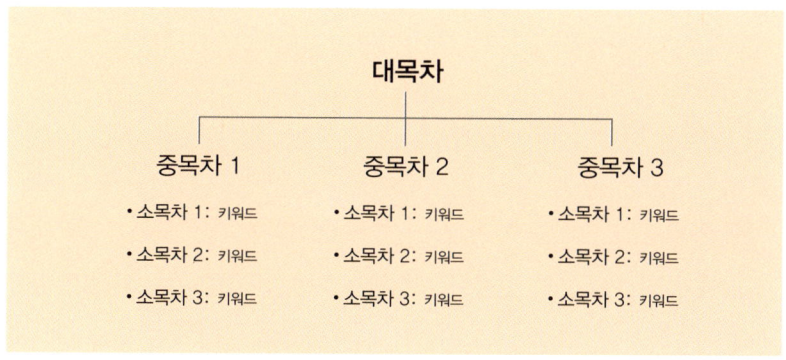

핵심 내용을 목차 중심으로 구조화한 트리맵

4
병렬 공부 적용하기

1단계 : 핵심 내용 모으기

'핵심 내용 모으기'는 누가 봐도 '딱!' 중요해 보이는 부분, 그리고 쉽게 이해가 되는 부분만 골라서 공부하는 기술을 말합니다. 가래떡 만들기에 비유하자면, 가래떡의 재료가 되는 쌀가루 중에서도 특히 덩어리가 크고 가래떡을 만드는데 용이한 것들만 골라 모으는 것이라고 할 수 있습니다. 시험장에 가서 기억(출력)하지도 못할 세부 내용들을 어중간하게 공부하는 것보다는 시험에 나올 가능성이 높은 내용(최소한의 것이라도)을 확실히 알고 넘어가는 것이 공부의 효율을 높이는 가장 핵심적인 기술입니다.

핵심 내용을 모으기 위해서는 중요해 보이지 않는 부분, 어려울 것 같은 내용(세부 내용)은 과감하게 건너뛰어야 합니다. 우선 큰 틀을 이해하는데 도움이 되는 목차(큰 목차, 중간 목차, 작은 목차)에 밑줄을 쫙~ 긋습니다. 그리고 키워드, 중요해 보이는 부분, 많은 내용을 아우르는 것 같은 부분에도 밑줄을 쫙~ 그어 봅니다. 스스로의 판단으로 중요해 보이는 부분에 밑줄을 긋는 행위 자체에 큰 의미가 있으니, 두려워하지 말고 용기를 내어 연필로 밑줄을 그어 보세요. 다만 처음부터 욕심을 내어 많은 부분에 밑줄을 긋지 말고, 부담이 되지 않는 수준에서 최소한으로 밑줄을 긋는 것이 좋습니다.

수능시험에서 '핵심 내용 모으기'는 굉장히 중요합니다. 수능 출제의 가장 큰 방향이 바로 교과목 내용의 핵심 개념과 원리의 이해이기 때문입니다. 물론 학교에서 보는 시험도 마찬가지입니다. 수능시험의 출제 경향을 살펴보면 응용, 자료 해석, 사례 적용과 같은 문제들이 많이 출제되는데, 이러한 문제들의 출제 목적은 핵심을 정확하게 이해하고 있는지를 평가하는 데 있습니다.

그런데 수능을 준비하는 많은 학생들이 교과목을 공부할 때, 어느 것이 '핵심 개념'이고, 어느 것이 '중요한 내용'인지를 쉽게 파악하지 못해서 어려움을 겪는다는 겁니다. 초반에 이런 문제를 쉽게 해결하기 위해서는 항상 기출문제를 옆에 두고 교과서(이론서, 기본서)를 공부하는 습관을 가져야 합니다. 어느 부분에서 문제가 많이 출제되었는지, 어떤 방식으로 출제되었는지를 알게 되면 교과서의 핵심을 꿰뚫을 수 있는 안목과 감각을 키울 수 있습니다.

수능을 대비해서 공부할 때는 모든 내용을 공부하겠다는 완벽주의를 버리는 연습이 필요합니다. 최소한의 것을 최대한 이해하겠다는 목적을 가지고 중요한 것부터 골라 편식하듯 공부해야 합니다. 왜냐고요? 처음부터 모든 내용을 완벽하게 이해하는 건 불가능하기 때문입니다.

끝으로 너무 세밀한 부분을 이해하고 암기하기 위해서 쓸데없이 많은 시간을 투입하고 있는 것은 아닌지를 항상 체크해야 합니다. 세세한 내용에 집착하면 핵심 내용을 파악하는데 많은 시간을 사용해야 하고, 그렇게 되면 한정된 공부 시간을 비효율적으로 낭비하고 맙니다. 세부적인 내용에 집착하지 마세요. 핵심 내용을 열심히 공부하면 할수록 세부적인 내용은 저절로 이해가 된다는 것을 꼭 기억해 두세요.

> **KEY POINT**
> ✓ 핵심적이고 이해하기 쉬운 것만 골라서 공부한다.
> ✓ 어중간하게 이것저것 아는 것보다 최소한의 것이라도 확실히 아는 것이 중요하다.
> ✓ 큰 목차, 중간 목차, 작은 목차, 그리고 중요해 보이는 내용에 밑줄을 긋는다.

[공부에 적용하기] ① 수능시험

수학능력시험에서 사회탐구 과목 중 학생들이 가장 많이 선택하는 '생활과 윤리' 과목에 최소 공부법을 적용하는 방법에 대해 설명하겠습니다. 찬찬히 읽어 본 후 직접 적용해 보시기 바랍니다.

아래에서 예로 든 내용은 『누드교과서(생활과 윤리)』(이투스 사회팀, 이투스북) 본문 중 184~186쪽에서 발췌한 것입니다.

---

5. 환경 문제를 해결하기 위한 윤리적 자세

동양의 환경 친화적 자연관의 확립
현대 사회의 환경 문제를 해결하는 대안으로 동양 사상에 관심이 커지고 있습니다. 서양 사상과 달리 동양의 자연관은 인간과 자연의 조화로운 관계를 중시했죠. 다시 말해 동양의 자연관은 인간과 자연의 관계를 정복과 지배가 아닌 상생과 협동의 관점에서 바라보았고, 이러한 자연관은 환경 문제 해결에 많은 시사점을 줄 수 있습니다.

유교의 자연관

유교에서는 자연의 생명력은 만물의 근원이라고 생각했습니다. 그저 자연을 과학적 법칙이라고 생각한 것이 아니라, 이 세상에 있는 모든 만물의 근원이 자연의 생명력에 달려 있다고 보는 관점이죠. 자연은 도덕적 존재라는 것이죠.(중략)
또한 유교에서는 자연의 생명력이 모든 만물에게 생명을 베풀어 주는 사랑을 준다고 생각했습니다. 그렇기 때문에 인간도 사랑의 정신인 인(仁)을 실천하는 것이 의무라고 보았죠. 이에 따라 인간과 하늘이 하나가 된다는 천일합일 정신이 등장하게 됩니다.
(중략)

도가의 자연관

도가에서 자연은 아무런 목적이 없는 무위(無爲)의 체계라고 봅니다. 자연이 무위의 체계라고 해서 무질서의 체계라는 것은 아닙니다. (중략) 이러한 자연은 서로에게 인위성을 가하지 않는 채 유기체적으로 조화를 이루어 살아갑니다. 도가는 이를 최상의 상태라고 생각했죠. 따라서 도가는 인간뿐만 아니라 자연에도 조작과 통제를 가하지 말 것을 강조했습니다.
이러한 맥락에서 도가는 가장 선한 것은 마치 물과 같다는 상선약수(上善若水)에 빗대어, 물처럼 욕심과 인위성 없이 흘러가는 삶을 가장 좋은 삶이라고 보았습니다. (중략)

> **불교의 자연관**
>
> 불교에서는 모든 존재들이 서로 영향을 주고받는다는 연기설을 주장합니다. 연기설은 세상 모든 일에 무수한 원인과 조건에 의한 결과로 이루어져 있음을 말하죠. (중략) 즉 연기는 존재하는 모든 것이 서로의 원인 혹은 결과로 관계를 맺고 있다는 뜻이죠.
> (중략)
> 자연 속의 만물은 상호 의존성을 갖고 있다고 봅니다. 그렇기 때문에 자연의 한 존재가 다른 존재를 지배하거나 정복하는 것은 자연의 원리에 어긋난다고 주장하죠. (중략)

그림은 학생의 필기 내용이다. ㉠~㉤ 중 옳지 않은 것은?

(2012년 9월 고2 학평 14번)

1. 전통적 자연관
   - 무속: 정령(精靈)을 지닌 경외의 대상 ·········· ㉠
   - 유교: 도덕적 원리를 포함하고 있는 존재 ·········· ㉡
   - 불교: 고정된 실체가 없이 끊임없이 변화하는 것 ·········· ㉢
   - 도교: **인위적**인 노력으로 가꾸고 보호해야 하는 존재 ····· ㉣
     ↳ (X)

2. 전통적 자연관의 공통점
   - 자연과 인간이 상호 조화를 이루는 관계 ·········· ㉤

① ㉠   ② ㉡   ③ ㉢   ④ ㉣   ⑤ ㉤

⇒ 동양 자연관에 대한 기본적 개념만 알고 있어도 풀 수 있는 문제.

다음 사상의 입장에서 〈문제 상황을〉 해결하기 위한 방안으로 적절한 것은?　　　　　　　　　　　　　　　(2013년 9월 고2 학평 11번)

이것만 있으면 그것이 있고, 이것이 생기기 때문에(원인) 그것이 생긴다 (결과). →불교의 연기설
이것이 없으면 그것이 없고, 이것이 멸하기 때문에 그것이 멸한다.
이 세상에 홀로 존재하는 것은 아무것도 없다.

〈문제 상황〉

마을은 이상하리만큼 조용하다. 새들이 모이를 쪼아 먹던 뒷마당은 버림받는 것처럼 쓸쓸하다. 몇 마리 보이는 새도 오염된 폐수로 인해 병들어 몸을 심하게 떨며 죽어 가고 있다. 인간인 나만 홀로 서 있다.

① 자연과 인간의 상호 의존성을 자각해야 한다. (O)
② 자연에 대해 인간은 주인 의식을 가져야 한다. (동양 자연관 X)
③ 현실적인 이익을 위해 자연을 잘 관리해야 한다. (동양 자연관 X)
④ 인간의 생존을 위해 다른 생명체를 이용해야 한다. (동양 자연관 X)
⑤ 자연의 자정 능력을 신뢰하여 그것을 최대한 활용해야 한다. (동양 자연관 X)

⇒ 굳이 문제 상황을 읽어 보지 않더라도 불교 연기설에 대한 기본 개념만 알고 있으면 풀 수 있는 문제.

[공부에 적용하기] ② 공무원, 공기업, 각종 자격증시험

여기에서는 공무원, 공기업 채용시험과 공인회계사, 공인노무사 등 각종 자격시험의 공통 과목인 '경영학'을 공부할 때 적용하는 방법에 대해 설명하겠습니다. 찬찬히 읽어 본 후 직접 적용해 보시기 바랍니다. 아래에서 예로 든 내용은 『에센스 경영학』(전수환, 세경북스) 본문 중 397~400쪽에서 발췌한 것입니다.

1. STP 전략

(1) 배경

구매자는 너무 많고, 넓게 흩어져 있으며, 욕구와 구매 패턴도 다양하기 때문에 기업은 시장 내 모든 고객에게 소구할 수 없다. 이에 따라 기업은 자신이 <u>가장 자신 있게 수익을 창출할 수 있는 시장(고객)을 확인</u>하고, 이들과 적절한 관계를 키워 나갈 <u>고객 지향적 마케팅 전략을 설계</u>해야 한다. (중략)

(2) 마케팅 전략 수립의 단계

마케팅 전략 수립은 자신이 만족시킬 고객을 선정하는 것에서 시작하는데, 이를 위해 기업은 <u>시장 세분화</u>(market segmentation)와 <u>표적시장을 선정</u>(market targeting)하게 된다. 자신이 만족시킬 시장을 선정한 이후엔 표적고객에게 어떤 것을 제공할 것인지를 결정해야 한다. 이를 위해 기업은 차별화(differentiation)와 <u>포지셔닝</u>(positioning)을 실시한다. (중략)

2. 시장 세분화

시장 세분화(market segmentation)란 한 기업이 일정한 기준에 따라 몇 개의 동질적인 소비자 집단으로 나누는 것을 말한다. 시장 세분화 시, 같은 세분시장 내에서는 소비자들의 선호가 동질적이어야 하며, 세분시장 간에는 소비자의 선호가 이질적이어야 한다. (중략)

(1) 시장 세분화 기준 변수
세분시장 마케팅을 하려면 고객 행동 변수와 고객 특성 변수에 대한 데이터가 필요하다. 고객 행동 변수란 고객의 구매 행동과 밀접한 관련이 있는 변수들을 가리킨다. 또한 고객 특성 변수란 고객이 누구인지를 나타내 주는 변수들을 가리킨다. 세분시장 마케팅을 효과적이고 효율적으로 하려면 먼저 고객 행동 변수를 이용하여 시장을 세분화한 다음, 고객 특성 변수를 이용하여 세분시장 각각의 전반적인 특성을 파악해야 한다.

고객 행동 변수 : 추구 편익, 사용 상황, 사용량, 상표 애호도 또는 태도, 고객 생애가치, 반응 단계
고객 특성 변수 : 인구 통계적 변수(연령/성별/소득/직업/지역/가족 생활주기/가족의 크기/교육 수준/사회 계층), 심리 분석적 변수(라이프 스타일, 성격)

(중략)

(3) 효과적인 시장 세분화가 되기 위한 조건
시장을 세분화하는 방법은 많지만, 모든 세분화가 효과적이지는 않다. 시장 세분화가 마케팅 전략에 유용하게 사용되기 위해서는 세분시장은 다음을 갖추어야 한다.

1) 측정 가능성

세분시장의 크기, 구매력, 기타 특성들을 측정할 수 있어야 한다.

2) 규모 적정성

세분시장이 너무 작아서는 안 된다. 즉 그 세분시장만을 타깃으로 마케팅 활동을 해도 이익이 날 수 있을 정도의 규모를 갖고 있어야 한다.

3) 접근 가능성

세분시장에 속하는 고객들에게 효과적이고 효율적으로 접근할 수 있어야 한다. 즉 고객들이 어떤 매체를 주로 보는지 또는 고객들이 주로 어느 지역에 사는지 등과 같은 정보를 알고 있어야 한다.

4) 세분시장 내 동질성과 세분시장 간 이질성

같은 세분시장 내에 속한 고객들끼리는 최대한 비슷하여야 하고, 서로 다른 세분시장에 속한 고객들끼리는 최대한 달라야 한다.

(4) 시장 세분화의 예외적 경우

1) 혁신적인 신상품의 경우에는 시장 세분화가 시기상조일 수 있다.

고객의 욕구가 충분히 형성되기도 전에 너무 일찍 앞서서 세분시장 마케팅을 시도하면 실패를 경험할 수도 있다.

2) 지나친 세분시장 마케팅은 수익성을 악화시킬 수도 있다.

일반적으로 다수의 세분시장에서 마케팅을 하면 할수록 매출액은 높아지지만 그와 함께 비용도 높아지므로, 수익성에 반드시 좋은 영향을 미치는 것만은 아니다.

3) 도전자는 역세분화를 하는 것이 바람직할 수도 있다.

세분화된 시장을 통합하여 여러 세분시장에 동시에 어필할 수 있는 상품을 내놓는 것을 '역세분화(counter-segmentation)'라고 부른다. 역세분화는 시장에서 점유율이 높은 회사보다는 점유율이 낮은 회사들에게 적합한 방법이다. (후략)

실전 Tip

1. 이해하기 힘들거나 어려워 보이는 내용은 그냥 슝슝 건너뛰면 된다. 전체적인 흐름 파악을 주목적으로 한다.
2. 밑줄 그은 부분만 집중해서 보고 나머지 부분은 신경 쓰지 않는다. 세부적인 내용을 신경 쓰게 되면 '핵심적인 내용'을 파악하기 힘들다.

위에서 예로 든 내용을 최소 공부법 1단계 '핵심 내용 모으기'만으로도 풀 수 있는 문제들은 다음과 같습니다.

STP 전략의 활동을 순서대로 나열한 것은? (2013 가맹거래사)

① 위치 정립 → 표적시장 선정 → 시장 세분화
② 위치 정립 → 시장 세분화 → 표적시장 선정
③ 표적시장 선정 → 위치 정립 → 시장 세분화
④ 시장 세분화 → 표적시장 선정 → 위치 정립
⑤ 시장 세분화 → 위치 정립 → 표적시장 선정

⇒ STP의 개념만 알면 풀 수 있는 문제.

시장을 세분화하기 위한 **행동적 변수**들로만 묶인 것은? (2013 7급 공무원)

구매, 편익, 사용과 관련

ㄱ. 가족생애주기	ㄴ. 개성	ㄷ. 연령
ㄹ. 사회계층	ㅁ. 추구 편익	ㅂ. 라이프 스타일
ㅅ. 상표 애호도	ㅇ. 사용량	

① ㄱ, ㄴ, ㄷ ② ㄹ, ㅁ, ㅂ
③ ㅁ, ㅅ, ㅇ ④ ㅂ, ㅅ, ㅇ

⇒ 시장 세분화 기준인 행동 변수와 특성 변수에 대한 문제로, 복잡해 보이지만 기본 개념만 이해하고 있으면 보기에서 답을 찾는 것은 어렵지 않음.

효과적인 시장 세분화를 위해 **세분시장이 갖추어야 할 다음의 요건** 중에서 가장 적절하지 않은 것은? (2010년 CPA시험)

측정, 접근, 규모 적정, 장내-동질/장간-이질

① 세분시장의 크기, 구매력, 기타 특성 등을 **측정**할 수 있어야 한다.
→ 측정 가능성

② 세분시장에 속하는 고객들에게 효과적이고 효율적으로 **접근**할 수 있어야 한다. → 접근 가능성

③ 세분시장이 너무 작아서는 안 된다. → 규모 적정성

④ 경쟁 회사의 세분시장이 대응될 수 있도록 세분시장을 결정해야 한다.

⑤ **같은 세분시장**에 속한 고객끼리는 **최대한 비슷**하여야 하고, 서로 **다른**

세분시장에 속한 고객끼리는 **최대한 상이**하여야 한다.
→ 시장 내-동질/시장간-이질

⇒ 시장 세분화 조건을 묻는 문제로, 목차만 확실히 알고 있으면 풀 수 있다.

2단계 : 핵심 내용 반죽하기

　최소 공부법 2단계는 1단계에서 모은 핵심 내용들을 의미 있는 반죽 덩어리로 만드는 재구조화 과정입니다. 밑줄 친 것들을 상위 개념과 하위 개념으로 구분하고, 상위 개념을 중심으로 하위의 가지들을 정리하여 작은 반죽 덩어리(Tree Map)를 만들어 보세요. 상위 개념 밑에 하위의 가지를, 그리고 하위의 가지 밑에 중심 키워드를 간략하게 메모하면 됩니다.

　음, 그렇다면 이런 트리맵들을 만드는 과정이 우리에게 어떤 의미가 있을까요? 우리 머릿속에 산발적으로 흩어져 있는 내용들을 차곡차곡 정리하고 묶어 주는 역할을 한다고 이해하면 됩니다. 이 작업이 잘 되면 나중에 시험을 볼 때 필요한 내용을 빨리 떠올릴 수도 있고, 이 내용이 어디에 속한 내용인지, 어떤 상위 개념의 하위 개념인지 헷갈리지 않고 문제를 풀 수 있는 능력을 키울 수 있습니다. 책상 정리가 잘 되어 있으면 어디에 그 물건이 있는지 쉽게 알 수 있고, 필요할 때 빨리 찾아 꺼내 쓸 수 있는 것처럼 말이죠.

　아! 여기서 오해하면 안 되는 점이 있는데요. 다른 사람이 만들어 놓은 트리맵으로 공부하는 것은 전혀 효과가 없어요. 아무리 간단하고 작은 트리맵이라도 반드시 본인이 직접 만들어 보아야 합니다. 그러한 과정 자체가 바로 재구조화이기 때문입니다. 단순한 반복 학습이 아니라, 학습한 내용을 학습자 스스로 이해하기 쉽도록 재구조화Restructuring를 해보면 학습한 내용을 더 오랫동안 기억할 수 있고, 다른 지식과도 통합할 수 있는 유의미한 학습이 가능해지게 됩니다.

가능하면 많은 반죽 덩어리(Tree Map)를 만드는 것이 좋습니다. 이 반죽 덩어리들은 실제 시험에서 바로 사용할 수 있는 실탄이 됩니다. 재구조화 된 덩어리는 다음의 사례에서처럼 객관식 시험은 물론 문제와 관련된 내용을 논리적으로 전개해야 하는 서술형 시험을 치를 때도 굉장히 유용합니다. 누가 더 많은 실탄을 가지고 전쟁터(시험장)에 가느냐가 당락을 좌우하는 가장 중요한 요인이 될 수 있다는 점을 기억하세요.

시험문제 출제 위원들이 우리를 골탕 먹이기 위해 주로 쓰는 전략이 바로 '헷갈리게' 만드는 것인데요. 여러분들이 반죽 덩어리, 즉 트리맵을 잘 만들어 둔다면 그런 전략이 여러분에겐 더 이상 통하지 않아요. 다른 경쟁자들이 헷갈리는 문제를 만나 당황해하며 머리털을 쥐어뜯고 있을 때, 여러분은 좀 더 여유롭고 우아하게 시험을 치를 수 있을 거예요.

> **KEY POINT**
>
> ✓ 밑줄 친 것을 상위 개념, 하위 개념으로 구분하고 작은 반죽 덩어리(Tree map) 만들기.
> ✓ 반죽 덩어리를 만드는 과정은 공부한 내용을 머릿속에 정리하는 '재구조화' 작업.
> ✓ 될수록 많은 반죽 덩어리 모으기

[공부에 적용하기] ① 수능시험

여기에서 예로 든 내용은 『누드교과서(생활과 윤리)』(이투스 사회팀, 이투스북) 본문 중 184~186쪽에서 발췌한 것입니다.

유교의 자연관

유교에서는 자연의 생명력은 만물의 근원이라고 생각했습니다. 그저 자연을 과학적 법칙이라고 생각한 것이 아니라, 이 세상에 있는 모든 만물의 근원이 자연의 생명력에 달려 있다고 보는 관점이죠. 자연은 도덕적 존재라는 것이죠.(중략)
또한 유교에서는 자연의 생명력이 모든 만물에게 생명을 베풀어 주는 사랑을 준다고 생각했습니다. 그렇기 때문에 인간도 사랑의 정신인 인(仁)을 실천하는 것이 의무라고 보았죠. 이에 따라 인간과 하늘이 하나가 된다는 천인합일 정신이 등장하게 됩니다.(중략)

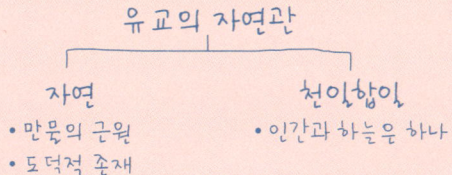

도가의 자연관

도가에서 자연은 아무런 목적이 없는 무위(無爲)의 체계라고 봅니다. 자연이 무위의 체계라고 해서 무질서의 체계라는 것은 아닙니다. (중략) 이러한 자연은 서로에게 인위성을 가하지 않는 채 유기체적으로 조화를 이루어 살아갑니다. 도가는 이를 최상의 상태라고 생각했죠. 따라서 도가는 인간뿐만 아니라 자연에도 조작과 통제를 가하지 말 것을 강조했습니다. 이러한 맥락에서 도가는 가장 선한 것은 마치 물과 같다는 상선약수(上善若水)에 빗대어, 물처럼 욕심과 인위성 없이 흘러가는 삶을 가장 좋은 삶이라고 보았습니다. (중략)

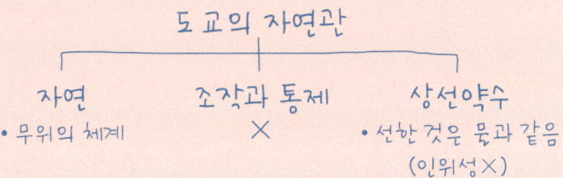

불교의 자연관

불교에서는 모든 존재들이 서로 영향을 주고받는다는 연기설을 주장합니다. 연기설은 세상 모든 일에 무수한 원인과 조건에 의한 결과로 이루어져 있음을 말하죠. (중략) 즉 연기는 존재하는 모든 것이 서로의 원인 혹은 결과로 관계를 맺고 있다는 뜻이죠.(중략) 자연 속의 만물은 상호 의존성을 갖고 있다고 봅니다. 그렇기 때문에 자연의 한 존재가 다른 존재를 지배하거나 정복하는 것은 자연의 원리에 어긋난다고 주장하죠. (중략)

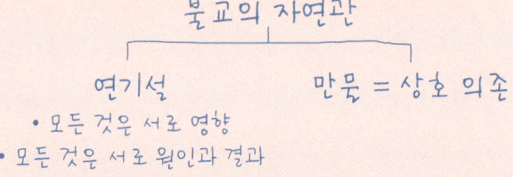

그림은 서술형 평가 문제와 학생 답안이다. 학생 답안의 ㉠~㉤ 중 옳지 않은 것은?

(2015년 수능 20번)

[서술형 평가]

⊙ (가), (나) 사상의 자연에 대한 관점을 비교하여 서술하시오.

(가) : 인(因)과 연(緣)에 의해 생겨나는 것이 법(法)이다. 이것을 공(空)하다고 한다.

단 하나의 법도 인과 연에 따라 생겨나지 않는 것이 없으니 일체의 법이 공허다. → 불교

불교의 자연관
- 연기설
  • 모든 것은 서로 영향
  • 모든 것은 서로 원인과 결과
- 만물 = 상호 의존

(나) : 하늘이 명한 것을 성(性)이라고 하고, 성을 따르는 것을 도(道)라고 한다.

하늘이 음양(陰陽)과 오행(五行)으로 만물을 생겨나게 하니, 천지 만물은 본래 나와 일체이다. → 유교

유교의 자연관
- 자연
  • 만물의 근원
  • 도덕적 존재
- 천인합일
  • 인간과 하늘은 하나

(가)의 관점에서 (나)에 나타난 문제점을 해결하기 위해 제시할 수 있는 조언으로 가장 적절한 것은? (2012년 6월 고2 학평 13번)

(가)
- 최고의 선(善)은 물과 같다. 물은 만물을 이롭게 해주지만 다투지 않고, 모든 사람들이 싫어하는 낮은 곳에 머무른다.

- 저절로 변하고 길러지도록 만물에 맡겨 두지 않고 인간들이 조작하려고 하면, 나는 그러한 짓을 못하게 자연의 소박한 적으로 진정시킬 것이다.

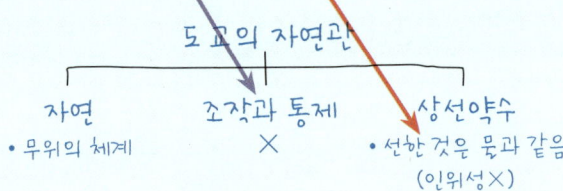

도 고의 자연관

자연
• 무위의 체계

조작과 통제
×

상선약수
• 선한 것은 물과 같음
(인위성×)

[공부에 적용하기] ② 공무원, 공기업, 각종 자격증시험

여기에서는 공무원시험, 공기업 채용시험, 공인회계사, 공인노무사 등 각종 자격시험의 공통 과목인 '경영학'을 공부할 때 적용하는 방법에 대해 설명하겠습니다. 찬찬히 읽어 본 후 직접 적용해 보시기 바랍니다. 아래에서 예로 든 내용은 『에센스 경영학』(전수환, 세경북스) 본문 중 397~400쪽에서 발췌한 것입니다.

2. 시장 세분화

시장 세분화(market segmentation)란 한 기업이 일정한 기준에 따라 몇 개의 동질적인 소비자 집단으로 나누는 것을 말한다. 시장 세분화 시, 같은 세분시장 내에서는 소비자들의 선호가 동질적이어야 하며, 세분시장 간에는 소비자의 선호가 이질적이어야 한다. (중략)

(1) 시장 세분화 기준 변수

세분시장 마케팅을 하려면 고객 행동 변수와 고객 특성 변수에 대한 데이터가 필요하다. 고객 행동 변수란 고객의 구매행동과 밀접한 관련이 있는 변수들을 가리킨다. 또한 고객 특성 변수란 고객이 누구인지를 나타내 주는 변수들을 가리킨다. 세분시장 마케팅을 효과적이고 효율적으로 하려면 먼저 고객 행동 변수를 이용하여 시장을 세분화한 다음, 고객 특성 변수를 이용하여 세분시장 각각의 전반적인 특성을 파악해야 한다.

고객 행동 변수 : 추구 편익, 사용 상황, 사용량, 상표 애호도 또는 태도, 고객 생애가치, 반응 단계

고객 특성 변수 : 인구 통계적 변수(연령/성별/소득/직업/지역/가족 생활주기/가족의 크기/교육 수준/사회 계층), 심리 분석적 변수(라이프 스타일, 성격)

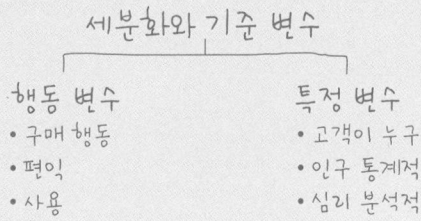

[반죽한 트리맵 1]

(3) 효과적인 시장 세분화가 되기 위한 조건

시장을 세분화하는 방법은 많지만, 모든 세분화가 효과적이지는 않다. 시장 세분화가 마케팅 전략에 유용하게 사용되기 위해서는 세분시장은 다음을 갖추어야 한다.

1) 측정 가능성

세분시장의 크기, 구매력, 기타 특성들을 측정할 수 있어야 한다.

2) 규모 적정성

세분시장이 너무 작아서는 안 된다. 즉 그 세분시장만을 타깃으로 마케팅 활동을 해도 이익이 날 수 있을 정도의 규모를 갖고 있어야 한다.

3) 접근 가능성

세분시장에 속하는 고객들에게 효과적이고 효율적으로 접근할 수 있어야 한다. 즉 고객들이 어떤 매체를 주로 보는지 또는 고객들이 주로 어느 지역에 사는지 등과 같은 정보를 알고 있어야 한다.

4) 세분시장 내 동질성과 세분시장 간 이질성

같은 세분시장 내에 속한 고객들끼리는 최대한 비슷하여야 하고, 서로 다른 세분시장에 속한 고객들끼리는 최대한 달라야 한다.

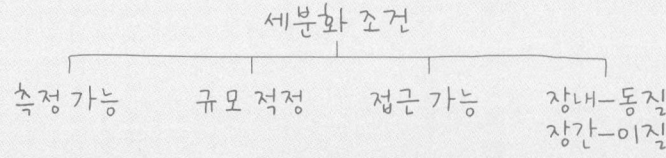

[반죽한 트리맵 2]

(4) 시장 세분화의 예외적 경우

1) 혁신적인 신상품의 경우에는 시장 세분화가 시기상조일 수 있다.
고객의 욕구가 충분히 형성되기도 전에 너무 일찍 앞서서 세분시장 마케팅을 시도하면 실패를 경험할 수도 있다.

2) 지나친 세분시장 마케팅은 수익성을 악화시킬 수도 있다.
일반적으로 다수의 세분시장에서 마케팅을 하면 할수록, 매출액은 높아지지만 그와 함께 비용도 높아지므로, 수익성에 반드시 좋은 영향을 미치는 것만은 아니다.

3) 도전자는 역세분화를 하는 것이 바람직할 수도 있다.
세분화된 시장을 통합하여 여러 세분시장에 동시에 어필할 수 있는 상품을 내놓는 것을 '역세분화(counter-segmentation)'라고 부른다. 역세분화는 시장에서 점유율이 높은 회사보다는 점유율이 낮은 회사들에게 적합한 방법이다.(후략)

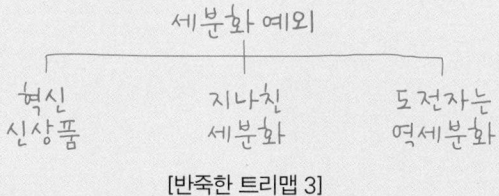

[반죽한 트리맵 3]

3. 표적시장의 선정

(1) 세분시장의 평가
상이한 여러 세분시장들을 평가하는데 있어서 기업은 세분시장의 전반적 매력도와 기업의 목적 및 자원을 살펴보아야 한다. 먼저 기업은 잠재적 세분시장이 **규모, 성장률, 수익성,** 규모의 경제성, 위험 수준에 있어서 일반적인 매력도를 나타내는 특징들을 가지고 있는지 여부를 질문해 보아야 한다. 두 번째로 기업은 세분시장에 대한 투자가 기업의 목적, 자원에 비추어 의미가 있는지를 생각해야만 한다.

```
            시장 평가
        ┌─────┴─────┐
      매력도        기업의
   (규모/성장률/수익성)   목적/자원
```

[반죽한 트리맵 4]

(2) 표적시장의 선정

표적시장의 선정은 매우 넓게(비차별적 마케팅)하거나 아니면 매우 좁게(미시적 마케팅)하거나 또는 이들의 중간(차별적 마케팅 또는 집중적 마케팅) 정도로 선정할 수 있다.

1) 비차별적 마케팅

비차별적 마케팅(undifferentiated marketing) 혹은 대량 마케팅(mass marketing) 전략을 사용하는 기업은 <u>세분시장의 차이를 무시하고 하나의 제공물로 전체 시장을 공략</u>할 수 있다. 이 전략은 고객 욕구의 차이점보다는 공통점에 초점을 맞춘다. (중략)

2) 차별적 마케팅

차별적 마케팅(differentiated marketing)은 <u>여러 세분시장을 표적시장으로</u> 삼고, 이들 각각의 시장에 독특한 제품을 제공하여 영업을 하는 접근 방법으로, 이것의 장점은 다양한 소비자들의 욕구에 맞는 여러 가지 상품을 각기 다른 가격으로 공급하고 복수의 유통 경로를 사용하여 마케팅 활동을 함으로써 여러 세분 시장에서 보다 많은 소비자들을 자사 고객으로 확보할 수 있다는 것이다. (중략)

3) 집중적 마케팅

집중적 마케팅(concentrated marketing) 혹은 틈새 마케팅(niche marketing)은 자원이 제한되어 있는 많은 기업들이 큰 시장에서 낮은 시장점유율을 추구하는 대신에 하나의 표적시장 혹은 몇 개의 세분시장에 집중함으로써 높은 점유율을 확보하려는 방법이다. (중략)

4) 미시적 마케팅

미시적 마케팅(micro marketing)은 특정 개인이나 지역의 기호를 만족시키기 위해 제품이나 마케팅 프로그램을 맞추는 활동이다. 과거에는 산업재나 고객의 수가 많지 않은 경우에 제한적으로 사용되었으나 최근에는 정보기술의 발달에 힘입어 데이터베이스 마케팅이 확산되면서 일반 소비재 분야에도 널리 활용되고 있다.

(중략)

① 지역 마케팅

지역 마케팅(local marketing)은 도시, 인근 지역, 특정 지역 매장 같은 지역 고객 집단의 욕구에 브랜드와 촉진 활동을 맞추는 것이다. (중략)

② 개인 마케팅

개인 마케팅(individual marketing)은 개별 고객의 욕구와 선호에 제품과 마케팅 프로그램을 맞추는 것으로, 일대일 마케팅(one-to-one marketing) 혹은 대량 고객화(mass customization) 등으로 불리기도 한다. (중략)

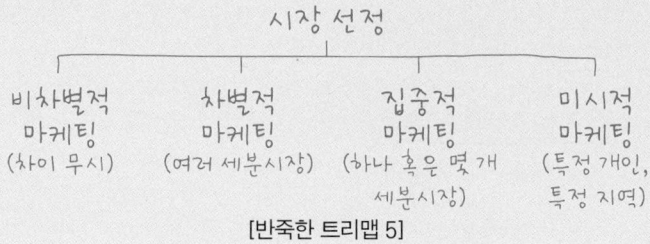

[반죽한 트리맵 5]

4. 포지셔닝

포지셔닝(positioning)은 표적시장의 소비자들의 마음속에 차별적인 위치를 차지하도록 기업의 제공물과 이미지를 설계하는 활동이다. 따라서 포지셔닝의 목표는 기업의 잠재적 혜택을 최대화 하는 것이다. (중략)

(1) 차별적 고객 가치 파악

표적시장의 고객과 수익성 있는 관계를 구축하기 위해 마케팅 관리자는 경쟁사보다 고객의 욕구를 더 잘 이해하고 더 많은 고객 가치를 전달해야 한다. 기업은 제품, 서비스, 종업원, 유통 경로, 이미지 등을 통해 차별화할 수 있다.
(중략)

(3) 전반적 포지셔닝 전략

1) 속성에 의한 포지셔님

속성에 의한 포지셔닝(positioning by attribute)은 기업에서 가장 많이 사용하는 포지셔닝 전략으로, 제품 자체가 지니고 있는 고유의 속성, 즉 규모나 연한 등을 소비자에게 인식시키는 것이다. (중략)

2) 혜택에 의한 포지셔닝

혜택에 의한 포지셔닝(positioning by benefit)은 제품이 경쟁 제품과 다른 혜택을 지녔다는 점을 소비자에게 인식시키는 것이다. (중략)

3) 사용 상황에 의한 포지셔닝

사용 상황에 의한 포지셔닝(positioning by use/application)은 제품이 사용될 수 있는 적절한 상황과 용도를 소비자에게 인식시키는 것이다.(중략)

4) 사용자에 의한 포지셔닝

사용자에 의한 포지셔닝(positioning by user)은 표적시장 내의 전형적 소비자를 겨냥하여 자사 제품이 그들에게 적절한 제품이라고 인식시키는 것으로 …(중략)

5) 경쟁자에 의한 포지셔닝

경쟁자에 의한 포지셔닝(positioning by competitor)은 자사의 제품이 경쟁사의 제품보다 좀 더 좋은 속성을 지녔다고 포지셔닝하는 것이다. (중략)

6) 제품 카테고리에 의한 포지셔닝

제품 카테고리에 의한 포지셔닝(positioning by product category)은 자신의 특정 제품 카테고리에서 리더임을 알리는 포지셔닝 방식이다. (중략)

7) 품질이나 가격에 의한 포지셔닝

품질이나 가격에 의한 포지셔닝(positioning by quality/price)은 자신의 제품이 가장 좋은 품질이나 가장 낮은 가격을 가지고 있음을 포지셔닝하는 것이다. (중략)

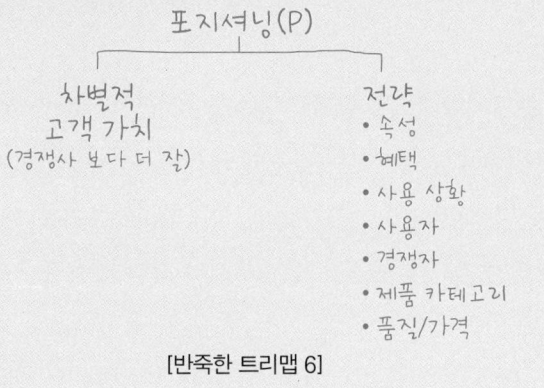

[반죽한 트리맵 6]

3단계 : 거시 프레임(이해 틀) 만들기

3단계는 2단계에서 핵심 내용들을 '반죽한 덩어리들(재구조화 된 트리맵)'을 모아서 더 큰 반죽 덩어리(거시 프레임, 이해 틀)를 만드는 과정입니다. 핵심 내용을 반죽한 작은 반죽 덩어리들을 다시 한 번 더 본인이 이해하기 쉬운 형태로 재구조화하고 서로 묶어 주는 것입니다. 이를 통해 반죽 덩어리의 수가 줄어들면서 크기는 점점 커지게 되는데, 이는 학습자가 자신의 한계를 조금씩 극복해 나가는 것을 의미합니다. 즉 한 번에, 한꺼번에 씹어 먹을 수 있는 공부 영역이 점점 더 넓어지는 것이지요.

거시 프레임, 즉 이해의 틀이 완성되었다면 그것을 자신만의 언어로 만들어 보세요. 논리적이지 않아도 좋습니다. 그것이 당신의 이해를 돕는다면 그것으로 OK.

그리고 혹시나 해서 드리는 말씀인데, 공부한 내용의 재구조화(트리맵을 만드는)는 '자신만의 이해 틀'을 만드는 과정이라는 것을 잊어서는 안 됩니다. 단순히 목차와 하위 개념들을 가지고 나뭇가지 모양의 논리 가지를 만드는 것이 아니라, 개념들을 머릿속에 확실히 정립하는 것이 진정한 재구조화(반죽하여 트리맵 만들기)라는 것을 꼭 기억하시기 바랍니다.

특히 수능시험에서는 단원의 경계를 뛰어넘어 이런저런 내용을 섞어서 하나의 문제로 출제되는 경우가 많은데, 이는 수험생이 교과목의 핵심 내용들을 머릿속에 얼마만큼 잘 구조화하였는지를 평가하려는 것입니다. 그렇기 때문에 개념의 틀이 확실히 잡혀 있지 않으면 헷갈려서 틀릴 수밖에 없습니다.

수능시험에서는 '나만의 개념 틀'을 확실히 만드는 것이 그 무엇보다 중요하다는 것을 절대로 잊어서는 안 됩니다. 보다 큰 관점에서 서로 관련된 내용을 파악하고, 그것을 자신만의 거시 프레임(작은 트리맵을 확장시킨 큰 트리맵)으로 만들어야 합니다.

KEY POINT

✓ 뭉친 덩어리들(작은 트리맵)을 연결하여 더 큰 구조화 덩어리(큰 트리맵) 만들기.
✓ 완성된 큰 덩어리(거시 프레임)를 '나만의 언어'로 이해하기.

[공부에 적용하기] ① 수능시험

앞에서 만든 반죽 덩어리들(유교, 불교, 도교의 자연관)을 하나로 묶어 더 큰 반죽 덩어리(거시 프레임)로 만들어 보았습니다.

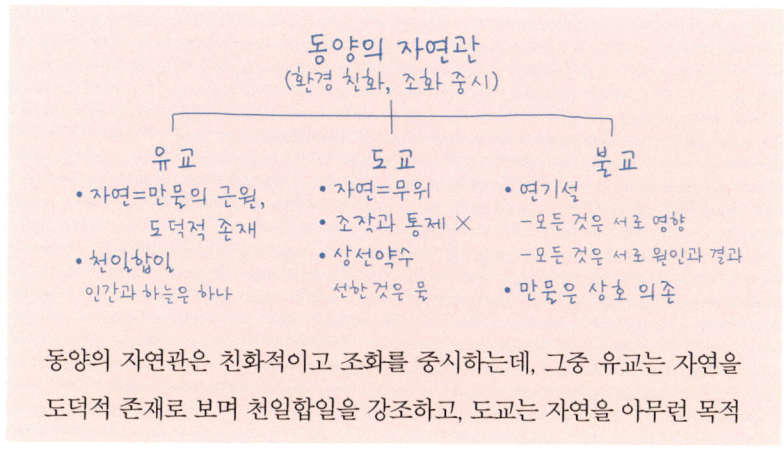

동양의 자연관은 친화적이고 조화를 중시하는데, 그중 유교는 자연을 도덕적 존재로 보며 천일합일을 강조하고, 도교는 자연을 아무런 목적

이 없는 무위라고 여기며, 상선약수를 강조하며, 불교는 모든 것이 서로 영향을 준다는 연기설의 관점에서 만물을 상호 의존적인 것으로 보았다.

[공부에 적용하기] ② 공무원, 공기업, 각종 자격증시험

앞에서 만든 반죽 덩어리들을 하나로 묶어 더 큰 반죽 덩어리(거시 프레임, 큰 트리맵)로 만들어 보았습니다.

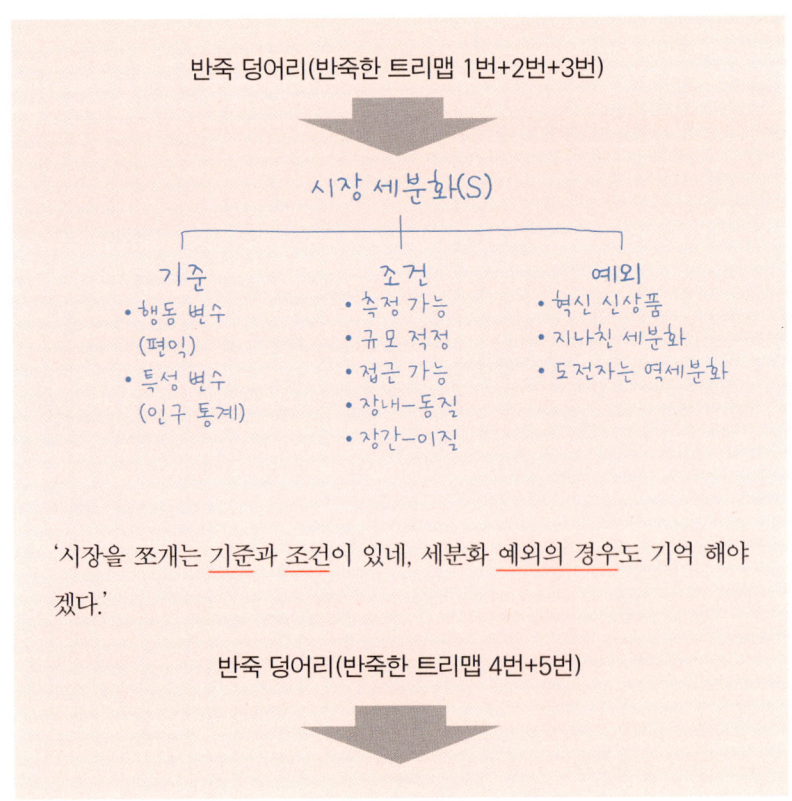

'시장을 쪼개는 기준과 조건이 있네, 세분화 예외의 경우도 기억 해야겠다.'

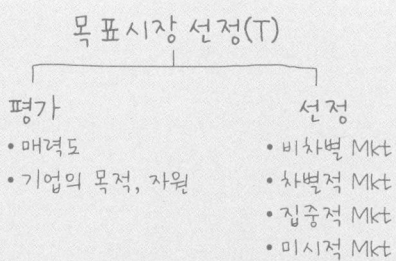

'목표시장을 고르려면 <u>평가</u>를 해야겠지? <u>선정</u>하는 방법은 시장 범주에 따라 다양하네.'

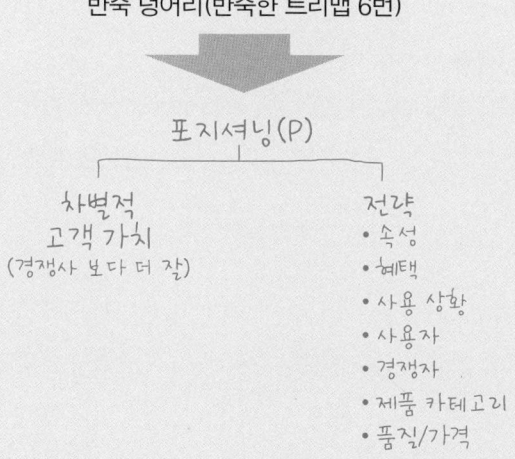

'포지셔닝은 경쟁사보다 <u>더 좋은 가치를 전달</u>하는 거군. 상황에 따라 <u>여러 전략</u>을 구사할 수 있겠어.'

'위의 반죽 덩어리 3개를 하나로 합치면 다음과 같이 정리할 수 있겠어.'

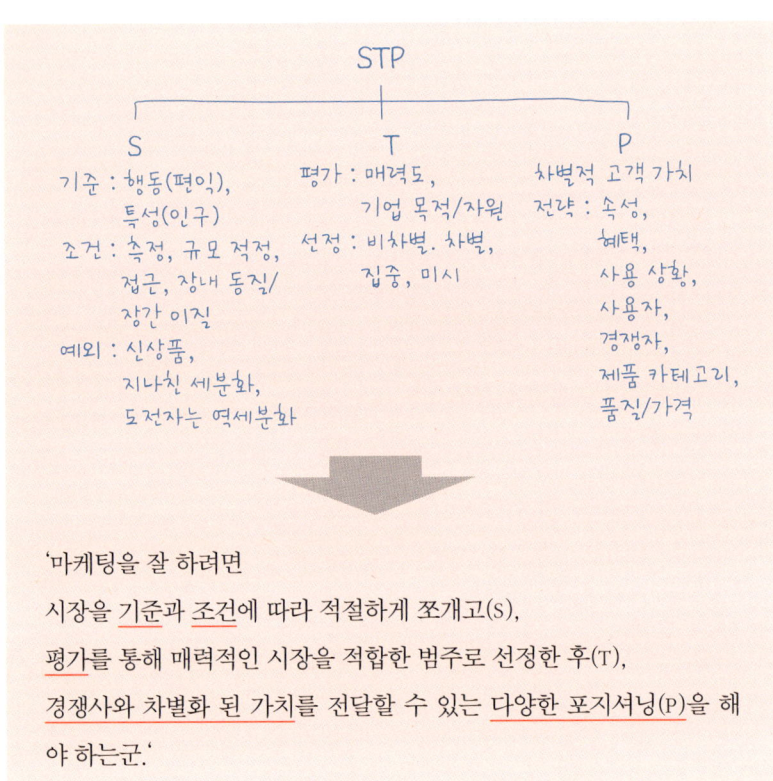

'3단계 거시 프레임 만들기'를 통해 크고 복잡했던 콘텐츠가 이해하기 쉬운 수준으로 아주 간결하게 잘 정리되었습니다. 군더더기를 뺀 중심 내용들이 결합하여 이전보다 훨씬 더 심플한 형태로 재탄생한 겁니다. 또한 그 전에는 이해하기 힘들었던 내용들을 한입에 통째로 쌈 싸 먹을 수 있게 되었습니다. 거시 프레임을 만들어 보면 자신이 공부한 내용의 핵심을 꿰뚫어 볼 수 있게 되므로, 어떤 응용문제도 소화해 낼 수 있습니다. 다음의 문제 사례를 통해서 거시적 프레임, 즉 '이해의 틀'이 얼마나 유용한지를 직접 확인해 보시기 바랍니다.

(주)가나빙과는 아이스크림 전문점에서의 아이스크림 판매 현황을 조사한 결과, 판매되는 여러 제품 가운데 어린이들이 선호하는 초코맛 시장과 청소년층이 선호하는 메론맛 시장이 당사에 가장 적합한 시장임을 알아냈다. 당사는 이 두 세분시장을 표적으로 초코바와 메론바를 각각 생산하기로 하고, 광고의 초점을 고유의 맛을 지닌 '아이스 바'라는 개념으로 정하여 맛이 다르다는 점으로 소비자에게 소구(appeal)할 계획이다. (주)가나빙과의 표적시장 선정 전략 과정(시장 세분화 변수, 표적시장 선정 전략, 시장 포지셔닝 유형)에 관한 설명 중 가장 적합한 것은?

(2005년 CPA)

① 추구하는 효익, 연령 / 차별적 마케팅 / 속성 포지셔닝
② 추구하는 효익, 연령 / 비차별적 마케팅 / 속성 포지셔닝
③ 개성, 연령 / 차별적 마케팅 / 이미지 포지셔닝
④ 제품 특성, 연령 / 집중적 마케팅 / 이미지 포지셔닝
⑤ 제품 특성, 연령 / 차별적 마케팅 / 사용 용도 포지셔닝

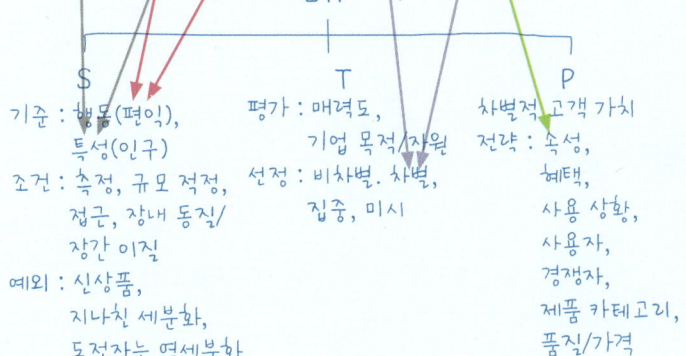

> **실전 Tip**
>
> 앞의 문제 사례는 S, T, P를 개별적으로 공부한 사람은 풀 수 없다. S, T, P 전체를 통째로 씹어 먹을 수 있어야 풀 수 있는 문제다. 즉 직렬이 아니라 병렬로 공부한 사람을 위한 문제다.

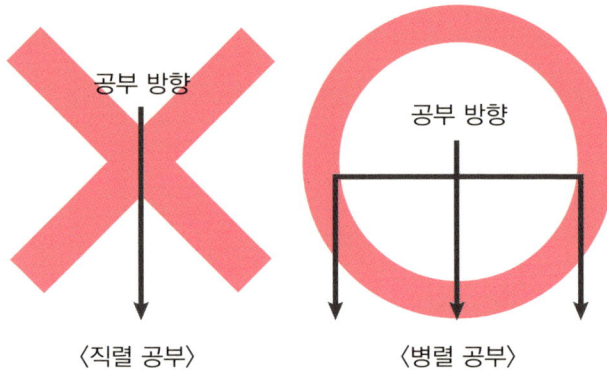

〈직렬 공부〉　　〈병렬 공부〉

| **토크 타임** talk time |

특별하지 않은 우리의 젊은 날을 위하여 건배

제가 좋아하는 소설가 김연수 씨는 젊은 시절, 매순간 의미 있게 살지 않는다면 즉시 자살한다는 내용의 '조건부 자살 동의서'라는 것을 작성해 책가방 속에 넣고 다녔다고 합니다. 그가 왜 그랬는지 정확히 알 수는 없지만, 왠지 이해는 할 수 있을 것 같은 느낌이 듭니다.

제 경험으로 미루어 봤을 때, 저의 젊은 날은 신나고 특별한 일들이 가득할 것이라는 환상과 지루하기 짝이 없는 무채색의 일상 사이에서 그 간극을 메꾸려 헛되이 술만 퍼웠던 날들의 연속이었으니까요.

고등학교를 졸업하고 대학에 입학해서 꿈에 그리던 자유로운 몸이 되었는데……. 남들과 다르지 않는, 특별할 것 하나 없는 나의 삶이 너무 지루해서 화가 나고 미칠 것만 같았습니다. 뭔가 특별해지기 위해 연극도 하고, 이런저런 미친 일들도 벌여 보았지만 그 공허함은 끝내 메꿀 수가 없었습니다.

우리는 '젊은 날'에 공부를 열심히 해야 하는 운명을 지녔습니다. 대입 시험은 물론 각종 고시와 자격증, 취업 준비 등 빤짝빤짝 가장 빛이 나고 싶은 시절에 우중충 지루하고 재미없는 공부를 열심히 해야 하는 슬픈 운명인 거죠.

'아~ TV나 영화에서 보면 청춘들은 정말 특별하고 재미있는 날들을 보내던데, 나는 책상 앞에 앉아 이게 무슨 꼴인가…….'

저는 공부를 하면서 이런 생각을 참 많이 했습니다. 요즘 사회 분위기를 봐도 많은 청춘들이 이와 비슷한 생각을 하실 것 같다는 생각이 듭니다.

"더 찬란한 미래를 위해 지금 이 순간 조금만 더 참자!"

여러분이 많이 들었던 말이죠? 저는 이처럼 빤한 이야기는 하고 싶지 않습니다. 대신 이런 말을 할 수 있을 것 같아요.

"수험생, 공시생, 고시생으로서 공부하는 삶이 너무 빤하고 지루하다면 당신이 틀린 게 아니고, 그건 당신이 열심히 살고 있다는 반증입니다."

여러분, 젊은 시절의 지루함을 너무 미워하지 마세요.

고민

순수함에 괴로워하다.
순수한 욕망에, 순수한 거짓에, 순수한 외로움에
순수하기에 욕될 수 없는 아름다움
그래서 괴로운
나는 그저 토익 점수를 올리고 싶었을 뿐인데…

― 2009년쯤 한창 취업 준비를 할 때 쓴 낙서 글 중

5장 최소 공부법 3단계

: 연결해서 공부하기

Link

EPL
최소
공부법

1
한계를 극복하는 연결 공부

좌절의 늪에서 빠져나오다

공부를 하다 보면 종종 한계에 부딪칠 때가 있습니다. 아무리 봐도 이해가 잘 안 되고, 아무리 반복해도 계속 까먹는 것들이 나옵니다. 저 같은 경우는, 대학생 때 전공을 공부하면서 그런 한계를 느끼곤 했습니다. 고등학생 때는 아무리 어려운 내용도 여러 번 보면 최소한 이해는 되었는데, 대학에서는 여러 번을 봐도 무슨 말인지 도통 알 수 없는 것들이 많았습니다. 말 그대로 좌절의 순간이었지요. 이해가 되지 않으니 공부의 효율은 당연히 떨어졌고, 나중에는 절망감에 휩싸여 모든 것을 다 포기하고 싶을 정도였습니다. 마치 해리포터에 나오는 어둠의 괴물 '디멘터'에게 공격당한 사람처럼 무기력하고 우울했었습니다.

그 위기의 순간에 나를 좌절의 늪에서 꺼내 준 것이 바로 '연결 공부법'이었습니다. 우연히 발견한 작은 공부 노하우가 이해력과 기억의 한계를 보완해 주었고, 심지어 그것을 뛰어넘는 성과를 얻게 해주었습니다. 연결 공부의 효과를 톡톡히 보기 시작한 것은 비 상대생商大生인 제가 상대商大 과목을 복수 전공하면서부터였습니다.

복학생 시절, 저는 대부분의 복학생이 그러하듯 군대에 입대하기 전

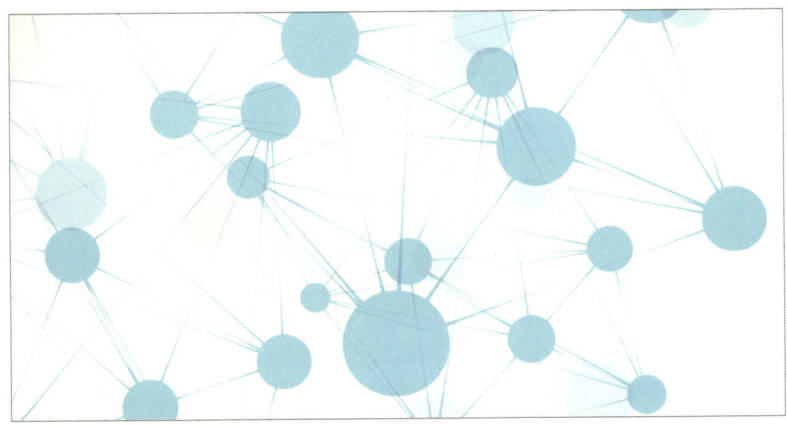
연결 공부법은 위의 이미지처럼 공통점과 차이점을 찾아내어 서로 연결하는 것이라고 생각하면 이해하기 쉽다.

보다 더욱 성실히, 더욱 진지하게 학업에 임했습니다. (복학생과 같이 놀아 주는 사람은 거의 없었기 때문이죠.) 하지만 군대에서의 2년은 그나마 있던 저의 총명함마저 빛이 바래 버리기에 충분한 시간이었습니다. 거의 모든 전공과목, 특히 경제학 전공과목에서 고전을 면치 못했던 저는 거의 절망 그 자체였습니다. 바로 그때 고육지책으로 짜냈던 공부법이 '이해가 잘 안 되는 부분에 그와 관련된 내용들을 연결시키는' 연결$_{Link}$ 공부법이었습니다. 연결 공부법의 개념은 이렇습니다.

첫째, 백 번을 봐도 이해가 안 될 것 같은 외계어 같은 내용에 그와 관련된 내용들을 찾아 연결한다.

둘째, 그와 관련된 내용들의 공통점과 차이점을 서로 비교하고 견주는 작업을 하면서 외계어 같았던 내용을 이해할 수 있는 실마리를 하나씩 하나씩 찾아낸다.

마치 영화 「아저씨」에서 주인공 '원빈'이 여러 발의 총을 한 곳만 집중

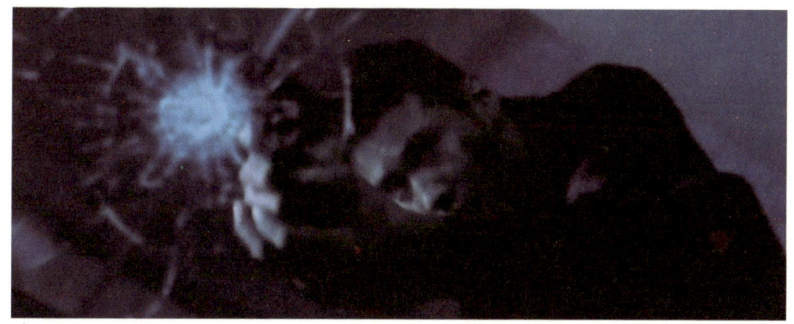

"아직 한 발 남았다. 탕!" 영화 「아저씨」에서 주인공(원빈)이 악당이 타고 있는 승용차 방탄유리를 향해 총을 쏘면서 악당을 향해 던진 대사이다.

해서 쏘아 뚫리지 않을 것 같던 방탄유리를 꿰뚫어 버린 것처럼 공략해 나가는 것이죠.

그러자 기적 같은 일이 일어났습니다. 연결 공부법으로 공부를 새롭게 시작했을 무렵, 학점 따기 힘든 과목으로 악명이 높았던 '미시경제학' 수업에서 학점 잭팟을 터뜨린 겁니다. 수학적 감각이 뛰어난 상대생, 경제학에 어마무시한 내공을 가지고 있는 고시생들 사이에서 '쩌리'에 불과했던 제가 중간고사에서 1등을 차지한 겁니다. (대학 정규 수업 중 고시생들이 많이 듣는 과목에서 1등을 하는 것은 낙타가 바늘구멍을 통과하는 것보다 어렵습니다.) 당사자인 저도 어안이 벙벙할 정도로 놀라운 결과였습니다.

이제 와서 생각해 보면 '조금만 더 일찍 이 방법을 알았더라면 얼마나 좋았을까?' 하는 아쉬움이 남습니다. 그 후로 저는 연결 공부법을 여러 분야에 적용하여 발전시켰고, 지금까지도 제게는 중요한 '생존 무기'가 되어 주고 있습니다.

이 책을 쓰기 위해 추가로 자료를 검색하던 중 EBS 방송 「공부의 왕도」라는 프로그램에서 연결 공부법과 비슷한 공부법이 소개된 것을 알게 되었습니다. 총 176부작 중 25회 '사회탐구 교과서에 링크를 걸어라' 편에서 교과서에 관련 내용을 연결Link하는 공부법으로 경찰대학에 합격한 이하나 양 사례를, 149회 '물리, 개념의 고리를 잇다' 편에서 여수 한영고 임홍헌 군 사례가 소개되었습니다. 특히 고등학생인 독자들은 이 책과 함께 '공부의 왕도' 영상을 참고하면 공부 효과를 높이는 데 큰 도움이 될 것입니다.

공시생인 분들은 공무원시험 합격 가이드와 합격자들의 수기를 수록한 책 『공무원의 꿈 여기서 시작된다』(황남기 스파르타합격연구소, 법률저널, 2015년) 본문 중에서 2014년 국가직 7급 일반행정직 합격자 박병욱 씨의 수기를 읽어 보기 바랍니다. 기본서 활용 방법으로 연결 공부법과 유사한 방법이 소개되어 있으니, 좀 더 생생한 사례를 볼 수 있을 것입니다.

연결 공부 이해하기

여기서는 제가 대학생 때 공부했던 경제학 교재, EBS 방송 「공부의 왕도」, 공무원 수험서 『공무원의 꿈 여기서 시작된다』에 소개된 사례를 통해 연결 공부법을 좀 더 구체적으로 알아보도록 하겠습니다.

오른쪽 사진은 제가 군 전역 후 복학생 때 공부했던 경제학 교재의 한 페이지입니다. 이 책의 원고를 집필하기 위해 자료를 찾던 중 부모님 집 책장에서 발견하게 되었지요.

사진을 보면 경제학의 비용 이론 중 '규모에 대한 수익과 장기비용' 부분에만 모두 12개의 링크Link가 걸려 있는 것을 알 수 있습니다. 특히

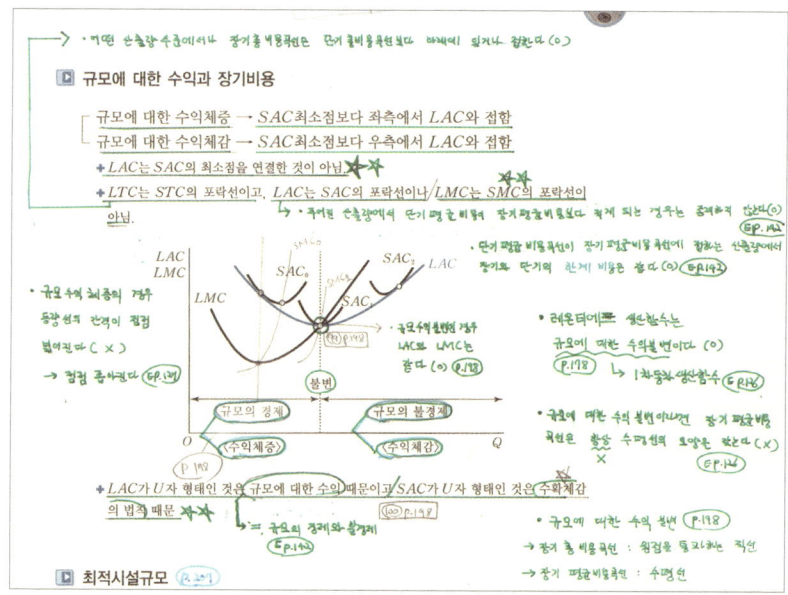

지은이가 대학생 때 연결 공부법으로 공부했던 경제학 교재

이해가 잘 안 되는 부분에는 기출문제, 다른 참고서와 이론서의 관련 내용이 링크되어 있습니다. 메모는 최대한 간단히 하였고, 나중에 다시 찾아 볼 수 있도록 참고한 책 이름과 해당 페이지를 약어로 표시해 두었습니다.

여러분의 이해를 돕기 위해 EBS 「공부의 왕도」(25회) '사회탐구 교과서에 링크를 걸어라'에 출연했던 이하나 양(2010년 세명고 졸업, 경찰대 합격)의 인터뷰 내용을 소개하겠습니다.

"공부하면서 중요하다고 생각되는 부분들은 다른 내용들과 연관 지어 공부하기 위해 페이지를 표시해 두었어요. 표시된 페이지를 따라가 보면 더 자세하게 관련된 내용을 알 수 있거든요. 이렇게 공부하면 연결되어 있는 내용을 한꺼번에 공부할 수 있어요. 수능 문제 중에는 한 단원에 관한 내용만 나오는 것도 있지만, 한 문제에 여러 단원 내용이 한꺼번에 들어가 있는 문제도 있어요. 교과서를 이런 식으로 공부할 수 있도록 만들어 놓으면, 훨씬 더 효율적으로 공부할 수 있겠다는 생각이 들었어요. 부끄럽지만 제가 공부한 교과서를 '하이브리드 교과서'라고 명명하고 싶어요. 나중에 잊어버리더라도 교과서만 펴면 제가 어떤 부분의 어떤 내용을 공부했는지 다 알 수 있거든요." * URL : http://tvcast.naver.com/v/129320(로그인 없이 시청 가능)

다음은 EBS「공부의 왕도」(149회) '물리, 개념의 고리를 잇다'에 출연했던 임홍헌 군(여수 한영고, 2013년 서울대 수시 합격)의 인터뷰 내용입니다.

"물리 개념을 하나하나 다 완벽하게 공부했다고 해서 물리 공부를 끝냈다고 볼 수는 없어요. 물리 과목은 각각의 내용들이 긴밀하게 연결되어 있는 부분이 많기 때문에, 그 연결들이 어떻게 되어 있는지를 파악하면서 공부하는 것이 중요해요. (중략) 저는 이런 연결 관계를 중점적으로 정리하여 공부했더니, 문제를 풀 때 전체적으로 이해할 수 있어서 가장 적합한 풀이법을 알 수 있었어요." * URL : http://tvcast.naver.com/v/128482(로그인 없이 시청가능)

다음은 공시생들을 위한 책『공무원의 꿈 여기서 시작된다』(황남기 스파르타합격연구소, 법률저널, 2015년) 본문 중에서 2014년 국가직 7급 일반행정직에 합격한 박병욱 씨의 수기 중 일부를 소개하겠습니다.

"저는 이것을 '링크 작업'이라고 부릅니다. (중략) 행정법에서 '소송을 30일 전까지 제기해야 한다'라는 부분이 있습니다. 행정법에서 '30'이라는 숫자가 많이 나옵니다. 그러면 30에 관련된 부분을 모두 찾아서 링크를 걸어 둡니다. 또한 행정법에서 법원의 '직권' 반대말로 원고의 '신청'으로 가능한 부분이 있습니다. '경정'은 원고의 신청으로 가능합니다. 그러면 일시 정지를 누르고 원고의 신청으로 가능한 부분을 모두 찾습니다. 집행정지신청, 소변경신청, 다른 법원으로 이송 등……. 링크 작업은 기본서 내에서만 이루어지는 것은 아닙니다. 기출문제집을 풀면서 틀렸습니다. 그럼 해설을 봅니다. 그런데 해설을 봐도 이해가 잘 안 됩니다. 그럼 기본서를 찾아서 해당 부분을 보면서 이해합니다. 그러면 그 기본서의 페이지를 문제집 해설에 표시합니다. 즉 기본서와 기출문제집 간 상호 링크 작업을 하는 겁니다."

연결 공부의 개념을 이해하실 수 있도록 몇 가지 사례를 소개했습니다. 뒤에서는 연결 공부의 효과와 실전 기술에 대해 설명할 테니, 찬찬히 읽어 보시기 바랍니다.

2
연결 공부의 효과
: 이해력 UP, 암기력 UP!

상호 보완 효과

'상호 보완'이란 말의 의미는 '서로 간에 모자라거나 부족한 부분을 보충하여 완전하게 만드는 것' 정도로 해석할 수 있습니다. 공부에서도 관련된 내용들을 서로 연결하다 보면, 각각 따로따로 놓고 보았을 때는 알 수 없었던 것까지 깨닫는 경우가 많습니다.

달콤하고 아름다웠던 사랑의 추억과 전쟁을 치르는 듯 괴로웠던 사랑의 추억이 연결되어 '사랑은 달콤 쌉쌀하다'라는 좀 더 큰 사실을 깨달을 수 있는 것처럼, 따로따로 보면 설명이 불충분하거나 이해하기 어려운 내용도 서로 연결하면 상호 보완 효과로 인해 그 의미를 좀 더

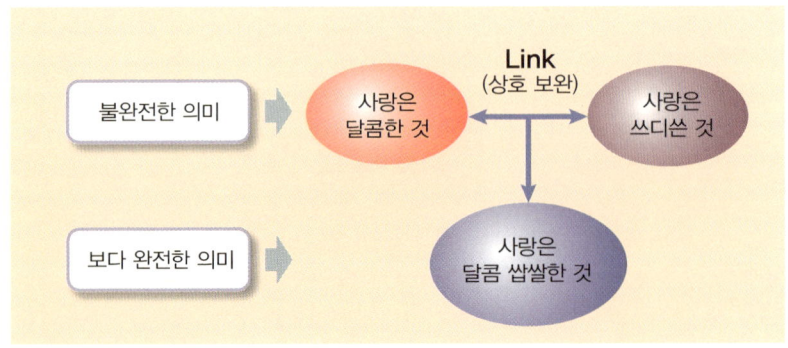

확실히 이해할 수 있게 됩니다.

암기 분량 감소 효과

연결 공부의 또 다른 효과는 암기할 양을 획기적으로 줄여 준다는 것입니다. 서로 관련된 내용을 연결시키거나 함께 묶는 과정을 심리학에서는 '의미 덩이 짓기Chunking'라고 하며, 우리 뇌가 기억해야 하는 양을 줄이고 기억의 용량을 확대시키는 효과가 있다고 합니다. 다음 그림을 통해서 좀 더 구체적으로 알아보겠습니다.

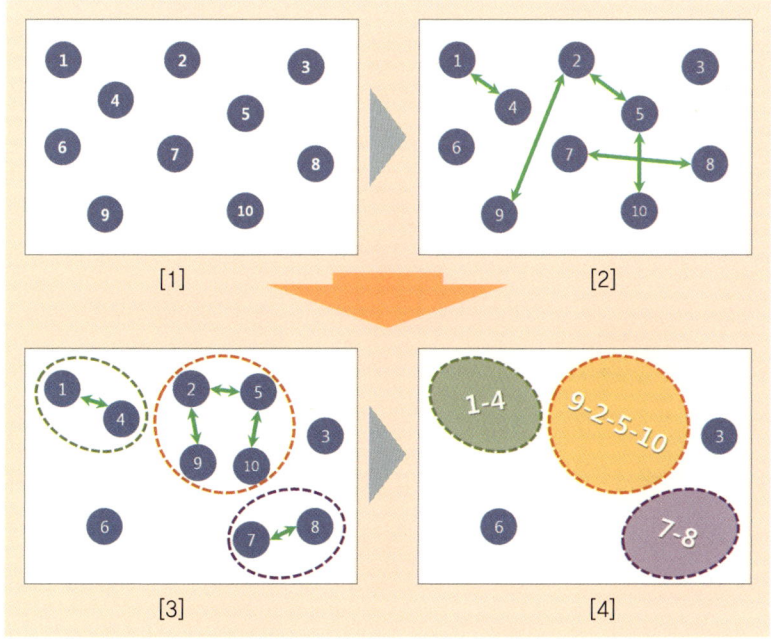

위의 1번 그림처럼 자신이 암기해야 할 것이 총 10개라고 가정해 보

겠습니다. 2번, 3번 그림에서처럼 이 중에서 서로 관련지을 수 있는 것들을 연결해서 덩어리로 묶으면, 결국 자신이 암기해야 할 양은 4번 그림에서처럼 5개 밖에 남지 않습니다. 이처럼 암기해야 할 양이 줄어들면 암기를 더 효과적으로 할 수 있을 뿐만 아니라, 기억해야 하는 것들이 줄어들기 때문에 다른 과목의 내용을 더 암기할 수 있는 여력이 생기게 되는 것입니다.

장기 기억 저장 효과

'단기 기억'과 '장기 기억'이라는 말을 들어 본 적이 있을 겁니다. 예약 전화를 걸기 위해 잠시 기억했다가 곧 잊어버리고 마는 맛집 전화번호, 그리고 웬만해서는 좀처럼 까먹지 않는 자기 집 전화번호가 바로 단기 기억과 장기 기억의 대표적인 예라고 할 수 있습니다.

우리 뇌가 기억하는 과정을 살펴보면, 뇌는 단기적으로 기억한 것들 중에 불필요한 것들은 지워버리고 그중에 인상적이거나 의미가 있는 것만 걸러서 장기 기억에 저장하는 특성이 있습니다. 우리가 반복 학습을 하는 가장 큰 이유도 단기 기억에 머물러 있는 학습 내용들을 장기 기억으로 저장하기 위해서입니다.

다음 그림에서처럼, 개별적인 정보를 단순히 반복 학습하는 것은 마치 구멍이 큰 그물에 작은 찰흙덩이를 반복해서 던지는 행위와 같습니다. 당연히 그물에 걸리는 건 거의 없고 힘만 많이 듭니다. 하지만 연결 공부를 통한 학습은 찰흙덩어리를 서로 뭉쳐서 크게 만든 후 그물에 던지는 것과 같습니다. 그러면 덩어리가 크기 때문에 그물코를 통과하지

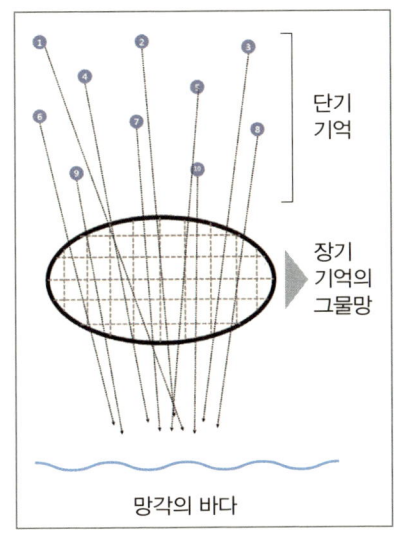
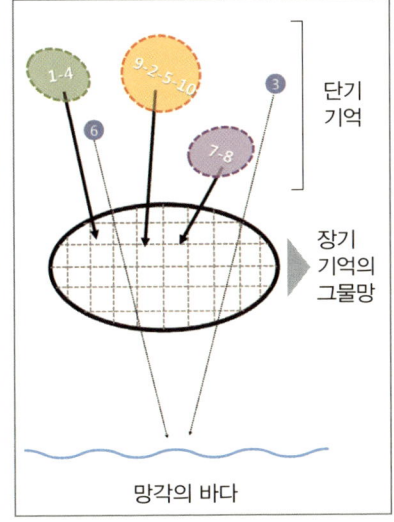

| 기계적인 반복 학습 | 서로 연결하는 학습 |

못하고 그물에 걸리게 되는 것이지요.

앞서 '3장 최소 공부법 1단계 : 고정 관념 제거하기'에서도 이야기한 것처럼 단순 기계적인 반복으로는 단기 기억을 장기 기억으로 바꾸기 어렵고, 성공 확률 또한 떨어집니다. 반면에 개별적인 정보들을 서로 의미 있는 것들과 연관 지어 이해하고, 연결 짓는 과정을 통한 '유의미한 반복'은 단기 기억을 장기 기억으로 전환하는데 효율적이고 효과적인 방법입니다.

융합 Fusion 효과

최근 교육인적자원부에서 시행하는 개정 교육 과정의 특징을 세 가지로 요약하면 다음과 같습니다.

1. 창의 융합형 인재 육성
2. 문·이과 통합형 교육 과정 실현
3. 융합·연계 교육 실시

'융합·통합·연계'라는 비슷한 세 단어가 바로 새로운 교육 과정의 핵심 키워드입니다. 그런데 융합하고, 통합하고, 연계하기 위해서 가장 먼저 선행되어야 하는 것은 무엇일까요? 그것은 바로 서로 관련되거나 연관된 내용을 확인하고 나서 그것들을 서로 연결하는 '링크Link'입니다.

융합은 어제 오늘의 이야기가 아닙니다. 조선 역사상 전무후무한 아홉 번의 장원 급제 기록을 세운 '공부의 신' 율곡 이이도 학문의 경계를 뛰어넘어 유학을 불교, 도교의 사상과 비교 연구할 수 있었기에 뛰어난 학문적 업적을 이룰 수 있었던 것입니다.

세계적 소셜 네트워크 기업인 '페이스북facebook'도 공학 분야 외에 다양한 분야를 전공한 사람들이 모여 공동으로 창업하였기에 기존과 다른 창조적인 성과를 이룰 수 있었습니다. 문학, 역사학, 경영학, 경제학, 정보공학 같은 다양한 전공 간 융합의 힘이 오늘날의 페이스북을 만든 원동력이었던 것이지요.

애플을 창업한 스티브 잡스가 "창의력은 연결하는 능력이다."라고 말했던 것처럼, 융합을 통한 창의적 성과는 새로운 것이 아니라 이미 기존에 있던 것들을 서로 연결할 수 있는 힘으로부터 나옵니다.

따라서 서로 비슷한 것과 다른 것들 사이에서 연관 지을 수 있는 것들을 찾아내고, 그것들을 서로 비교하고 통합하려는 시도는 '연결 공부'와 같은 개념이라고 할 수 있습니다. 즉 연결 공부의 개념을 조금 더 거시적으로 확장한 것이 '융합'이고, 연결 공부를 한다는 것 자체가 바로 융합을 시도하는 행위인 것입니다.

저는 늦은 나이에 연결 공부법을 터득했지만, 이 책을 읽는 여러분들은 이제부터라도 연결 공부법으로 공부하여 학문적, 사회적으로 큰 성과를 이루었으면 좋겠습니다. 또한 그로 인해서 우리나라에 창의적이고 유연한 사회적 문화가 형성되었으면 하는 바람을 가져 봅니다.

3
연결 공부의 실전 기술

'연결 공부법'은 목적에 따라 다음 세 가지로 구분할 수 있습니다.

연결 공부 1. 실전에 대한 감을 잡고 공부 전략을 세우기 위한 '기본서와 기출문제' 연결
연결 공부 2. 모르는 부분을 집중 공략하여 실력을 끌어올리는 '기본서와 틀린 문제 선지' 연결
연결 공부 3. 실력을 더욱 정교화하기 위해 '관련된 모든 것'을 연결

연결 공부 1 : 기본서와 기출문제 연결하기

효율적으로 공부하기 위해서는 학습한 내용 중에 어느 부분이 중요한지를 알아야 합니다. 즉 어떤 내용이 상대적으로 더 중요한 것인지, 더 집중해서 공부해야 할 부분은 무엇인지를 알아야 하고, 그에 맞춰 공부해야 하는 것이지요. 물론 내용 전체를 열심히 공부하고 암기할 수 있지만, 이는 비효율적일 뿐만 아니라 여러 가지 제약으로 인해 실현 불가능할 때가 많습니다. 따라서 중요한 부분이 어디인지를 파악하여 전략적으로 시간을 배분하고, 그에 맞춰 공부의 강약을 조절하는 것이 효율

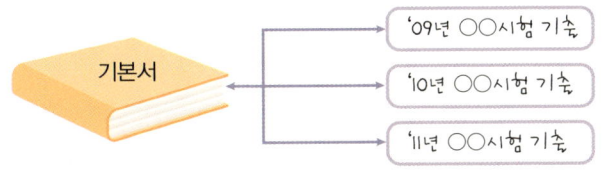

[기본서와 기출문제 연결]

적인 공부법의 핵심이라고 할 수 있습니다. 그런데 우리는 여기서 어려움에 부딪치게 되고, 이런 의문이 듭니다.

'어느 부분이 중요한지 어떻게 알 수 있지?'

그렇습니다. 공부의 강약을 조절하려면 자신이 공부하는 내용의 중요도를 판단할 수 있어야 하고, 그러한 판단의 절대적인 기준이 되는 것이 바로 '기출문제'입니다. 출제자도 문제를 출제하기 전에 반드시 기출문제를 확인합니다. 기존에 어떤 문제들이, 어떤 수준에서, 어떤 방식으로 출제되었는지를 체크한 후 그것을 재조정하여 새로운 문제를 출제하는 것이지요. 실제로도 기존에 전혀 없던 새로운 문제가 출제되는 경우는 매우 드물다고 보면 됩니다. 기존의 출제된 문제들을 재료로 하여 새로워 보이는 문제를 만들 뿐, 자세히 들여다보면 그 재료들은 모두 과거에 출제되었던 문제들인 경우가 많습니다.

우리가 공부할 때 효율이 떨어지는 이유 중 하나는 교과서나 기본서 같은 이론서를 학습할 때 기출문제의 관점에서 공부하지 않기 때문입니다. 이론서는 말 그대로 기본 개념을 설명하기 위한 목적으로 만든 책입니다. 요리에 비유하면 가공하지 않은 음식 재료라고 할 수 있지요. 우리가 시험장에서 만나게 될 문제들은 가공한 요리인데, 가공하지 않은 재료의 관점에서만 공부를 하게 되면 효율성이 떨어질 수밖에 없지 않을까요? 이러한 비효율을 제거하는 작업이 바로 기본서(교과서)와 기출문제를 연결Link하는 것입니다.

연결 공부는 학습해야 하는 양도 방대하고, 그 많은 내용 중에 어느 것이 중요한지도 알 수 없는 망망대해(기본서)에서 기준(기출문제)을 잡고, 그것을 바탕으로 '닻을 내리는anchoring' 작업입니다. 기본서와 기출문제를 연결하면 기본서의 내용이 어떤 방식으로 가공되어 문제로 만들어지는지를 알 수 있고, 거기에 맞추어 전략적으로 공부할 수 있기 때문에 공부 효율성을 높여 줍니다.

연결 공부 2 : 기본서와 틀린 문제 선지 연결하기

'연결 공부 1'이 시험에 대한 감을 잡기 위한 것이었다면, '연결 공부 2'는 시험에 강해지는 실력을 키우는 학습 활동입니다. 효율적으로 공부해서 시험 점수를 올리기 위해서는 시험에 나오면 맞힐 수 있는 내용을 공부하는 것이 아니라, 시험에 나오면 틀리거나 헷갈리는 내용을 집중적으로 공부하는 것이 필요합니다. 이때 틀리거나 헷갈리는 기준이 바로 '본인이 틀린 문제'입니다. 특히 틀린 문제의 선지는 본인의 시험 점수를 올리기 위한 최고의 맞춤 재료라고 할 수 있습니다.

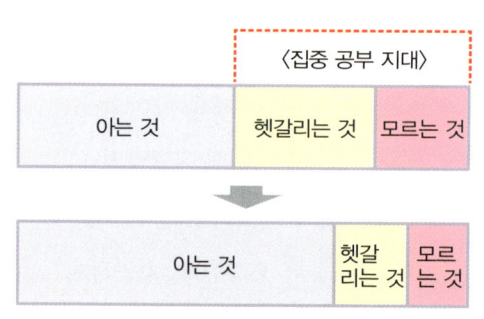

[헷갈리거나 모르는 것을 줄이고
아는 것의 영역을 넓히는 작업]

기본서(교과서)와 틀린 문제의 선지를 연결하여 헷갈렸던 부분이나 몰랐던 부분

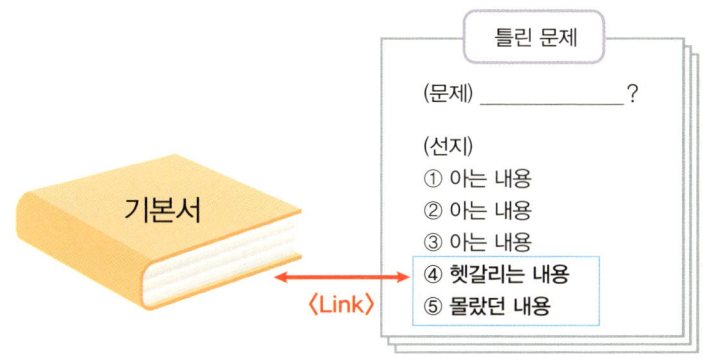

을 확인하고, 기본서와 실제 시험 사이의 미묘한 뉘앙스 차이를 잡아내는 것이 '연결공부 2'의 핵심 포인트입니다. 공부의 효율성 측면에서 보면 '연결공부 1'과 '연결 공부 3'보다 '연결 공부 2'가 더 중요하고, 공부의 효과도 더 큽니다. 만약 시간이 부족한 수험생이라면, 우선적으로 '연결 공부 2'부터 시작할 것을 추천합니다.

연결 공부 3 : 종류 불문, 관련된 내용 연결하기

'연결공부 3'은 '연결 공부 1'과 '연결 공부 2'의 확장된 개념입니다. 기본서(교과서), 기출문제, 틀린 문제 선지에 국한하지 않고 중요하거나, 어렵고 헷갈리거나, 암기하기 힘든 부분과 관련된 것은 분야를 가리지 않고 서로 연결하는 공부법입니다.

본인의 이해력과 암기력 향상에 도움이 된다면 다른 과목, 다른 이론서, 다른 시험의 기출문제, 기타 그 어떤 자료라도 좋습니다. 그냥 그것들을 연결하세요. 공부에 경계는 없으니까요.

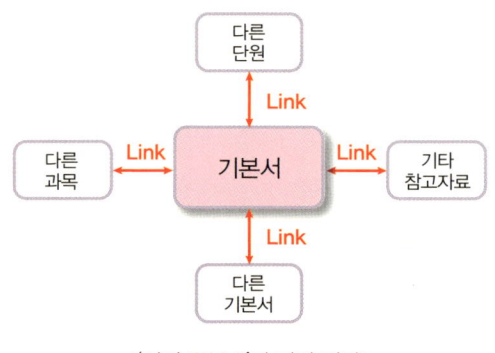

['연결 공부 3'의 연결 개념]

미국 내 2만여 개 학급과 전 세계 210개국 학생들이 이용하는 혁신적 교육 서비스 '칸 아카데미'의 설립자이자, 2012년 「타임」이 선정한 '세계에서 가장 영향력 있는 100인' 중 한 사람인 살만 칸Salman Khan은 자신의 책 『나는 공짜로 공부한다The One World Schoolhouse』(알에이치코리아, 2013년)에서 많은 학생들이 교과목의 핵심조차 제대로 이해하지 못하는 교육 현실에 대해 다음과 같이 말했습니다.

> 왜 그럴까? 아마 단원의 인위적 분류에 따라 연결된 개념들이 별개로 구분된 채, 해당 주제가 수업 시간에 너무 빨리, 얕게 다뤄지고 넘어가 버렸기 때문일 것이다.(중략) 내가 꿈꾸는 학교는 이런 점에서 매우 다르다. 나는 개념들 간의 연관성과 지속성을 강조하므로, 한 과목과 그 다음 과목 사이에 벽은 없을 것이다.

근본적으로 보면 과목 간의 경계는 원래 없는 것입니다. 주입식 교육의 편의를 위해 나누어 놓은 것뿐이지요. 그렇지 않은가요? 제대로 된 공부를 위해서는 학문의 경계를 뛰어넘어 관련된 개념들을 서로 연결하고 통합하는 학습이 필요합니다.

4
연결 공부 적용하기

연결 공부 1 : 기본서와 기출문제 연결하기

연결 공부법의 도구로 활용하는 링크Link는 '관련 내용의 출처를 메모하는 것'으로서, 기본서(혹은 교과서)의 내용에 어떤 기출문제가 출제되었는지, 그리고 그 문제는 어떤 기출문제집 몇 페이지를 보면 바로 찾아볼 수 있는지를 메모하면 됩니다. 마찬가지로 해당 기출문제에도 기본서 몇 페이지를 보면 관련 세부 내용을 찾아볼 수 있는지를 메모합니다. 나중에 찾아보기 쉽게 흔적을 남기는 것이라고 이해하면 되겠습니다.

공부를 하다 보면 관련된 내용이 머릿속에 떠오를 때가 많지만, 그냥 떠올리기만 하고 지나쳐버리고 맙니다. 하지만 나중에 그 내용을 다시 떠올려 기억해 내는 건 거의 불가능하다는 것을 한 번쯤 경험해 보았을 겁니다. 링크는 바로 그러한 순간들을 하나하나 놓치지 않고 메모하는 작업입니다. 시험공부를 할 때 기본서와 기출문제를 서로 링크해 놓으면, 다음과 같은 효과를 얻을 수 있습니다.

첫째, 기본서만 보았을 때는 막막했던 내용들이 어떤 방식으로 공부해야 하는지 감이 잡히기 시작한다.

둘째, 시험문제의 출제 패턴을 기본서의 이론과 함께 한눈에 파악할 수 있으므로, 그에 적합한 공부 전략을 세울 수 있다.

셋째, 기본서의 링크를 보면 기출문제를 떠올리게 되고, 해당 기출문제에 달린 링크를 볼 때는 다시 기본서의 내용을 떠올리게 되어 실전 감각은 물론, 기억력까지 저절로 향상되는 효과가 있다.

'연결 공부 1'의 가장 큰 장점은 기본서의 내용 중 어느 부분이 중요한 것인지를 알려 준다는 겁니다. 즉 링크가 많은 것이 중요한 내용인 것이지요. 중요한 내용은 다음 시험에서도 출제될 가능성이 아주아주 높기 때문에 이 부분은 반드시 숙지하고 넘어가야 합니다.

또한 기출문제와 기본서의 내용을 서로 비교하면 어떤 식으로 문제가 출제되는지 감을 잡을 수 있을 뿐만 아니라, 기본서의 내용을 어느 수준까지 암기해야 하는지도 가늠할 수 있게 됩니다. 이러한 능력을 바탕으로 보다 효율적인 공부 전략을 세우는 것이 바로 공부의 기술입니다.

어떻게 공부해야 하는지를 아는 상태에서 세부 내용을 공부하는 사람과 모르고 공부하는 사람이 결승선에 도달했을 때의 차이는 하늘과 땅만큼의 차이가 날 수밖에 없습니다.

KEY POINT

✓ 어떤 시험의 기출문제인지, 기본서 몇 페이지의 내용인지 메모하기.
✓ 기본서의 내용이 실제 시험에서 어떻게 출제되는지 감 잡기.
✓ 연결 공부를 바탕으로 가장 효율적인 공부 전략 세우기.

[공부에 적용하기] ① 수능시험

기본서 >>

5. 환경 문제를 해결하기 위한 윤리적 자세

동양의 환경 친화적 자연관의 확립

(중략)

유교의 자연관

유교에서는 자연의 생명력은 만물의 근원이라고 생각했습니다. 그저 자연을 과학적 법칙이라고 생각한 것이 아니라, 이 세상에 있는 모든 만물의 근원이 자연의 생명력에 달려 있다고 보는 관점이죠. 자연은 도덕적 존재라는 것이죠. (중략)

도가의 자연관

도가에서 자연은 아무런 목적이 없는 무위(無爲)의 체계라고 봅니다. 자연이 무위의 체계라고 해서 무질서의 체계라는 것은 아닙니다. (중략)

불교의 자연관

불교에서는 모든 존재들이 서로 영향을 주고받는다는 연기설을 주장합니다. 연기설은 세상 모든 일에 무수한 원인과 조건에 의한 결과로 이루어져 있음을 말하죠. (중략)

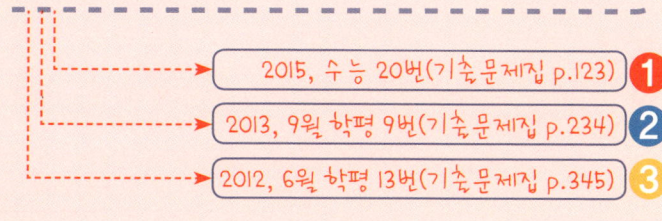

185 기본서

기출문제 >>

그림은 서술형 평가 문제와 학생 답안의 ㉠~㉤ 중 옳지 않은 것은?

서술형 평가

◎ 문제 : (가), (나) 사상의 자연에 대한 관점을 비교하여 서술하시오.

❶
> (가) 인(因)과 연(緣)에 의해 생겨나는 것이 법(法)이다. 이것을 공(空)하다고 한다. 단 하나의 법도 인과 연에 따라 생겨나지 않는 것이 없으니 일체의 법이 공하다. 불교
>
> (나) 하늘이 명한 것을 성(性)이라고 하고, 성을 따르는 것을 도(道)라고 한다. 하늘이 음양(陰陽)과 오행(五行)으로 만물을 생겨나게 하니(化生), 천지 만물은 본래 나와 일체이다. 유교

◎ 학생 답안

(가), (나)의 관점을 비교하면, (가)는 ㉠ 자연 만물에 고정된 실체가 없다고 보며, ㉡ 살아 있는 모든 생명에 대한 존중을 강조한다. 이에 비해 (나)는 ㉢ 하늘(天)을 인간이 따라야 하는 도덕 원리의 원천으로 보며, ㉣ 하늘 아래 만물이 무위(無爲)의 자연스러움을 따라야 함을 강조한다. — 도가 한편 ㉤ (가), (나) 모두 자연 만물을 상의(相依)와 화해(和諧)의 관계에 놓인 것으로 본다.

① ㉠   ② ㉡   ③ ㉢   ✓④ ㉣   ⑤ ㉤

기본서 p.185

123 기출문제집

기출문제 >>

(가)를 주장한 사상가의 입장에서 (나)의 A에게 할 적절한 조언을 〈보기〉에서 고른 것은?

(가) 오리의 다리가 짧다고 길게 늘여 주어도 괴로움이 따르고, 학의 다리가 길다고 잘라 주어도 슬픔이 따른다. 그러므로 본래 긴 것은 자를 것이 아니며, 본래 짧은 것은 늘이는 것이 아니다. 도가

(나) ○○잡지는 '인형녀 A'에 대한 기사를 실었다. 비현실적인 몸매를 지니게 된 그녀는 인형과 같은 외모를 얻기 위해 수차례의 위험한 성형 수술도 마다하지 않았다고 인터뷰에서 밝혔다. 성형수술

〈보기〉
ㄱ. 행복한 삶이란 자연에 순응하며 살아가는 것이다.
ㄴ. 진정한 아름다움은 본연의 모습에서 찾을 수 있다.
ㄷ. 행복은 육체적 욕망의 충족을 통해 실현되는 것이다.
ㄹ. 아름다운 외모는 인위적인 과정을 통해 얻을 수 있다.

① ㄱ, ㄴ ✓ ② ㄱ, ㄷ ③ ㄴ, ㄷ
④ ㄴ, ㄹ ⑤ ㄷ, ㄹ

기본서 p.185

기출문제 >>

(가)의 관점에서 (나)에 나타난 문제점을 해결하기 위해 제시할 수 있는 조언으로 가장 적절한 것은?

❸

(가)	• 최고의 선(善)은 물과 같다. 물은 만물을 이롭게 해 주지만 다투지 않고, 모든 사람들이 싫어하는 낮은 곳에 머무른다. • 저절로 변하고 길러지도록 만물에 맡겨 두지 않고 인간들이 조작하려고 하면, 나는 그러한 짓을 못하게 자연의 소박한 덕으로 진정시킬 것이다. 도가
(나)	A국의 ○○ 기업은 수도권에 대규모 골프장을 건설하여 빈축을 사고 있다. 건설 과정에서 많은 나무들을 베어 낸 결과 홍수와 산사태가 빈번하게 일어났으며, 잔디 관리를 위한 엄청난 농약 살포로 인해 인근 마을 상수원이 심각하게 오염되었다. 환경오염

① 자연을 탐구하고 다스려야 한다.
②✓ 자연과 합일하는 삶을 살아야 한다.
③ 자연을 이용하여 삶의 질을 높여야 한다.
④ 자연을 행복 추구의 수단으로 삼아야 한다.
⑤ 자연을 보호하기 위해 과학 기술을 발전시켜야 한다.

345 기출문제집

기본서 p.185

실전 Tip

1. 생활과 윤리, '동양의 친환경적 자연관' 단원에서는 유교, 불교, 도가와 관련된 참고 자료(지문)가 제시되고, 이를 구분하는 문제가 주로 출제된다는 것을 알 수 있음. → 유교, 불교, 도가와 관련된 다양한 참고 자료들을 섞어 놓고 이를 구분하는 연습이 필요함.

2. 유교, 불교, 도교의 핵심 개념을 오늘날의 다양한 사회 문제와도 연결해서 생각해 보아야 함. → 환경오염, 성형수술 등

[공부에 적용하기] ② 공무원, 공기업, 각종 자격증시험

기본서 >>

2. 시장 세분화

시장 세분화(market segmentation)란 한 기업이 일정한 기준에 따라 몇 개의 동질적인 소비자 집단으로 나누는 것을 말한다. 시장 세분화 시, 같은 세분시장 내에서는 소비자들의 선호가 동질적이어야 하며, 세분시장 간에는 소비자의 선호가 이질적이어야 한다. (중략)

(1) 시장 세분화 기준 변수

세분시장 마케팅을 하려면 고객 행동변수와 고객 특성변수에 대한 데이터가 필요하다. 고객 행동변수란 고객의 구매 행동과 밀접한 관련이 있는 변수들을 가리킨다. 또한 고객 특성변수란 고객이 누구인지를 나타내 주는 변수들을 가리킨다. (중략)

> 고객 행동변수 : 추구 편익, 사용 상황, 사용량, 상표 애호도 또는 태도, 고객 생애가치, 반응 단계
> 고객 특성변수 : 인구통계적 변수(연령/성별/소득/직업/지역/ 가족생애주기/가족의 크기/교육 수준/사회 계층), 심리분석적 변수(라이프스타일, 성격)

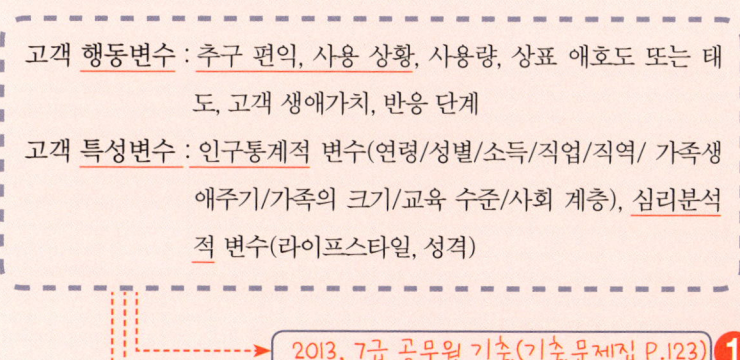

398 기본서

기출문제 >>

■ 시장을 세분화하기 위한 행동적 변수들로만 묶인 것은?

(2013년 7급 공무원)

ㄱ. 가족생애주기	ㄴ. 개성
ㄷ. 연령	ㄹ. 사회 계층
ㅁ. 추구 **편익**	ㅂ. 라이프스타일
ㅅ. **상표** 애호도	ㅇ. **사용**량

① ㄱ, ㄴ, ㄷ　　② ㄹ, ㅁ, ㅂ
③ ㅁ, ㅅ, ㅇ ✓　　④ ㅂ, ㅅ, ㅇ

기본서 P.398

123 기출문제집

기출문제 >>

■ 시장 세분화를 위한 소비자의 행동 분석적 요인에 해당되지 않는 것은?

(2010년 공인노무사)

① **편익**　　② 제품 **사용** 경험
③ 제품의 **사용** 정도　　④ **상표** 애호도
⑤ 가족생애주기 ✓

기본서 P.398

234 기출문제집

기출문제 >>

■ 차별적 마케팅의 일환으로 서로 다른 특성을 지닌 소비자 집단을 다양한 기준으로 세분화 할 필요가 있다. 그 한 가지 기준인 행동적 변수에 해당하지 않는 것은? (2013년 경영지도사)

③

① 구매 또는 **사용** 상황
② 소비자가 추구하는 **편익**
✓③ 소비자의 라이프 스타일
④ **상표** 충성도
⑤ 제품 **사용** 경험

345 기출문제집

기본서 P.398

실전 Tip

1. 위와 같은 '시장 세분화의 기준'에 관한 문제를 풀기 위해서는 행동변수와 특성변수를 섞어 놓았을 때 구분할 수 있는 연습이 필요함.
2. 하지만 19개나 되는 변수들을 하나하나 다 구분하여 외울 필요는 없고, 행동변수(편익, 사용, 상표)와 그 이외 것들로 구분하는 정도로만 암기하면 웬만한 시험은 커버할 수 있음. → 적절한 암기량 세팅 가능

연결 공부 2 : 기본서와 틀린 문제 선지 연결하기

여기서는 조금 더 세부적으로 기본서의 내용과 틀린 문제의 선지들을 하나하나 링크합니다. 자신이 문제를 틀린 이유는 몰랐거나, 혹은 헷갈렸거나 둘 중의 하나입니다. '연결 공부 2'의 목적은 자신이 헷갈렸던 부

분이나 몰랐던 부분을 명확히 확인하고 이해하는 것입니다.

틀린 문제를 다시 틀리지 않으려면 자신이 어떤 부분을 몰랐는지, 어떤 부분을 헷갈렸는지를 세부적으로 파고들어서 잘못된 부분을 고쳐야 합니다. 화장실에서 물이 샌다고 화장실 전체를 뜯어 고치는 게 아니라, 물이 새는 부분을 찾아 그 부분만을 수리하는 것이지요. 문제집의 내용이나 해설만 보고 자신이 헷갈렸던 부분이나 몰랐던 부분을 확인하는 데는 한계가 있습니다. 기본서의 내용과 비교하면서 자신이 어떤 부분을 잘못 이해했는지 조금 더 세부적으로 파고들어야 사고의 오류를 수정할 수 있고, 그렇게 해야만 실력이 향상되는 것입니다.

실제로 시험을 치러 보면 자신이 배웠던 내용과 다른 내용이 많아서 당황하는 경우가 많은데, 이는 출제자들이 기본서의 내용을 변형하거나 살짝 꼬아서 문제를 만들기 때문입니다. 이러한 상황에 대응하려면 기출문제 선지와 기본서의 내용을 연결하고, 둘 사이의 미묘한 뉘앙스 차이를 확인하여 실전 대응력을 최대화하는 것이 필요합니다. 특히 수능에서는 다양한 자료(혹은 지문)들이 문제와 함께 출제되는 경우가 많은데, 그러한 지문들도 기본서와 연결하여 실전 시험에 대한 대응력을 기르는 것이 좋습니다.

KEY POINT

✓ 기본서와 틀린 문제 선지를 서로 연결하여 헷갈렸거나 몰랐던 내용을 확인함.

✓ 기본서와 문제 선지와의 미묘한 뉘앙스 차이 잡아내기.

✓ 문제와 함께 제시된 다양한 자료(혹은 지문)도 기본서와 연결하기.

[공부에 적용하기] ① 수능시험

기본서 >>

5. 환경 문제를 해결하기 위한 윤리적 자세

동양의 환경 친화적 자연관의 확립　　　　<u>헷갈렸던 내용 확인</u>

(중략)

'도'라는 말이 있다고 무조건 '도가'와 관련된 지문이 아니다.
'성실함은 하늘의 도' → 유교 (2013, 학평 18번, 기출문제집 p.123)　❶

유교의 자연관

유교에서는 <u>자연의 생명력은 만물의 근원</u>이라고 생각했습니다. 그저 자연을 과학적 법칙이라고 생각한 것이 아니라, 이 세상에 있는 모든 만물의 근원이 자연의 생명력에 달려 있다고 보는 관점이죠. <u>자연은 도덕적 존재</u>라는 것이죠. (중략)　<u>몰랐던 내용 확인</u>

❷ '만물을 짚으로 만든 개처럼 여김' → 도가
(2013, 학평 18번, 기출문제집 p.123)
(2014, 모평 12번, 기출문제집 p.234)

도가의 자연관

도가에서 <u>자연은 아무런 목적이 없는 무위(無爲)의 체계</u>라고 봅니다. 자연이 무위의 체계라고 해서 무질서의 체계라는 것은 아닙니다. (중략)

 '인드라망' → 불교　　<u>몰랐던 내용 확인</u>
(2014, 모평 12번, 기출문제집 p.234)

불교의 자연관

불교에서는 모든 존재들이 서로 영향을 주고받는다는 연기설을 주장합니다. 연기설은 세상 모든 일에 무수한 원인과 조건에 의한 결과로 이루어져 있음을 말하죠. (중략)

185 기본서

틀린 문제 or 헷갈린 문제 >>

(가), (나) 사상의 자연관에 대한 설명으로 적절하지 않은 것은? 3점

❶ (가)	성실함은 하늘의 도요, 성실하려고 노력함은 사람의 도이다. … (중략)… 오직 천하의 지극한 성실함이어야 자신의 본성을 다할 수 있고, 다른 사람의 본성을 발휘하게 할 수 있으며, 마침내 천지와 함께 할 수 있다. →유교
❷ (나)	천지는 어질지 않아 만물을 모두 짚으로 만든 개처럼 여긴다. 성인은 어질지 않아 백성을 모두 짚으로 만든 개처럼 여긴다. →도가

① (가)는 인간과 자연의 조화를 강조한다.
② (가)는 자연을 도덕적인 관점에서 파악한다.
③ (나)는 인간 중심적 자연관을 배격한다.
④ (나)는 아무런 목적이 없는 자연의 질서를 중시한다.
⑤ ✓ (가)와 달리 (나)는 자연을 인격적 존재로 파악한다.

기본서 p.185

123 기출문제집

틀린 문제 or 헷갈린 문제 >>

(가), (나) 사상에 대한 옳은 설명을 <보기>에서 고른 것은? 3점

❸ (가) 인드라망은 끝없이 큰 그물로서 이음새마다 보석처럼 투명하게 빛나는 구슬이 자리 잡고 있다. 구슬들은 혼자 빛날 수 없으며 반드시 다른 구슬의 빛을 받아야만 세상을 밝힐 수 있다. →불교

(나) 하늘과 땅은 편애하지 않아 모든 것을 짚으로 만든 개처럼 취급한다. 하늘과 땅 사이는 커다란 풀무*의 바람통처럼 비어 있으나 다함이 없다. → 도가

* 대장간에서 불을 지피기 위해 바람을 일으키는 도구

〈보기〉
ㄱ. (가)는 만물이 원인과 조건에 의해 생멸(生滅)한다고 주장한다. → 불교
ㄴ. (나)는 자연을 목적이 없는 무위(無爲)의 체계로 파악한다. → 도가
ㄷ. (가)는 (나)와 달리 자연의 순리에 따라야 한다고 강조한다.
ㄹ. (가)는 인간과 자연의 엄격한 분리를, (나)는 합일을 추구한다.

① ㄱ, ㄴ   ② ㄱ, ㄷ   ③ ㄴ, ㄷ
④ ㄴ, ㄹ   ⑤ ㄷ, ㄹ

기본서 p.185

234 기출문제집

실전 Tip

1. 지문에 '도'라는 말이 있다고 무조건 '도가'와 관련된 것이 아니네! '성실함은 하늘의 도, 성실하려고 노력함은 사람의 도'라는 지문은 → 유교와 관련된 것. 헷갈리지 말자!
2. 기본서에 없는 지문 '만물을 짚으로 만든 개처럼 여김'은 도가와 관련된 지문이구나! → 요것도 링크!
3. 기본서에 없는 지문 '인드라망'은 불교 관련 용어. → 요것도 링크!

[공부에 적용하기] ②공무원, 공기업, 각종 자격증시험

기본서 >>

2. 시장 세분화

(중략)

> 헷갈렸던 내용 확인

(1) 시장 세분화 기준 변수

(중략)

❶ 행동변수 = 형태적 세분화를 위한 기준
(2012, 가맹거래사, 기출문제집 P. 123)

고객 <u>행동변수</u> : <u>추구 편익, 사용 상황, 사용량, 상표 애호도 또는 태도, 고객 생애가치, 반응 단계</u>

고객 특성변수 : <u>인구통계적 변수(연령/성별/소득/직업/직역/가족생애주기/가족의 크기/교육 수준/사회 계층), 심리분석적 변수(라이프스타일, 성격)</u>

(중략)

❷
> 몰랐던 내용 확인

(3) 효과적인 시장세분화가 되기 위한 조건

(중략)

아래 4가지 조건 외 추가로 '유지 가능성'(일정 기간 일관성 있는 특징 유지 필요) 이라는 조건도 있음.
(2005, 한국철도공사, 기출문제집 p.234)
(2007, 가맹거래사, 기출문제집 p.345)

❸
1) 측정 가능성
세분시장의 크기, 구매력, 기타 특성들을 측정할 수 있어야 한다.

2) 규모 적정성
세분시장이 너무 작아서는 안 된다. 즉 그 세분시장만을 타깃으로 마케팅 활동을 해도 이익이 날 수 있을 정도의 규모를 갖고 있어야 한다.

3) 접근 가능성

세분시장에 속하는 고객들에게 효과적이고 효율적으로 접근할 수 있어야 한다. 즉 고객들이 어떤 매체를 주로 보는지 또는 고객들이 주로 어느 지역에 사는지 등과 같은 정보를 알고 있어야 한다.

(2007, 가맹거래사, 기출문제집, P.345)

(4) 세분시장 내 동질성과 세분시장 간 이질성

같은 세분시장 내에 속한 고객들끼리는 최대한 비슷해야 하고, 서로 다른 세분시장에 속한 고객들끼리는 최대한 달라야 한다.

398 기본서

틀린 문제 or 헷갈린 문제 >>

■ 효과적 시장 세분화에 대한 설명으로 옳지 않은 것은?

(2012년, 가맹거래사)

헷갈렸던 내용 확인

① 세분시장의 규모가 측정 가능해야 한다. (O)
② 행태적 세분화를 위한 기준으로 제품 사용 상황, 사용량, 추구 편익 등을 활용한다. (O)
③ 동일한 세분시장 내에 있는 소비자들의 이질성이 극대화되도록 해야 한다. (X)
④ 특정한 시장 세분화 기준변수가 모든 상황에서 가장 효과적인 것은 아니다. (O)
⑤ 세분시장의 규모가 수익을 창출할 수 있도록 커야 한다. (O)

기본서 P.398

틀린 문제 or 헷갈린 문제 >>

■ 다음 중 시장 세분화에 대한 설명으로 알맞지 않은 것은?

(2005년, 한국철도공사)

  몰랐던 내용 확인

① 일정 기간 일관성 있는 특징이 유지될 필요가 없다. (X)
② 세분시장의 크기와 구매력을 측정할 수 있어야 한다. (O)
③ 목표 소비자에게 제품에 대한 지식을 전달할 수 있어야 한다. (O)
④ 잘못된 시장 세분화는 비용을 증가시킬 수 있다. (O)

기본서 P.398

234 기출문제집

틀린 문제 or 헷갈린 문제 >>

■ 다음 중 시장세분화의 전제 조건이 아닌 것은?   (2007, 가맹거래사)

① 각 세분시장은 일정 기간에 걸쳐 일관성 있는 특성을 지녀야 한다.
　(유지 가능성)
② 소비자들의 기호, 구매 행위 등 개별적인 특징을 파악할 수 있어야 한다. (측정 가능성)
③ 전체적 시장점유율이 고려되어야 한다. (X)
④ 목표 세분시장에 제품에 대한 메시지 전달이 가능해야 한다.
　(접근 가능성)
⑤ 독자적인 마케팅 활동을 위한 재무적 가치가 보장되어야 한다.
　(규모 가능성)

 선지 ②, ④, ⑤와 기본서의 미묘한 뉘앙스 차이 확인!

기본서 P.398

345 기출문제집

> **실전 Tip**
> 1. '행동변수'란 용어는 실제 시험에서 '행태적 세분화를 위한 기준'이라는 용어로도 출제됨. → 실전 감각 UP
> 2. 기본서의 '시장세분화 네 가지 조건' 외 실제 시험에서는 '유지 가능성'이라는 조건이 하나 더 추가되어 출제되는 경우도 있음.
> 3. '측정 가능성, 규모 적정성, 접근 가능성'은 기본서의 내용이 변형된 형태로 자주 출제되므로, 기본 개념을 확실히 이해할 필요가 있음.

연결 공부 3 : 종류 불문, 관련된 내용 연결하기

이제 경계는 없습니다. 여러분의 머릿속에 관련된 내용이 떠올랐다면 무조건 연결하세요. 중요한 내용, 헷갈렸던 내용, 몰랐던 내용과 관련하여 당신이 어떤 것을 떠올렸다면 그것들을 서로 연결하세요.

연결 공부의 효과를 높이려면 자신이 흥미를 갖는 것들과 공부를 연결해 보는 것도 좋은 방법입니다. 중요하거나 헷갈렸던, 혹은 몰랐던 내용과 자신이 좋아하는 것, 관심 있는 것을 서로 연결하는 것입니다. 지리 과목과 자신이 좋아하는 외국 축구선수를 연결해도 좋습니다. 웹툰 '조선왕조실톡'과 국사 과목을 연결해도 됩니다. 그것이 이해와 암기를 도와준다면 따지지 말고 그냥 서로 연결하세요. 전혀 다른 과목의 내용이라도, 혹은 전혀 관련이 없어 보이는 내용이라도 상관없습니다. 당신의 머릿속에 그것이 떠올랐다면 그것이 충분한 이유입니다.

만약 시험 준비 기간이 충분하다면, 다른 수험생들과의 차별화를 위해 심화 학습으로 관련 내용을 여러 경로로 찾아볼 수도 있습니다. 하지만 시간이 충분치 않은 상황에서 많은 시간을 들여 관련 내용을 찾으려는 시도는 절대 금물입니다. (오히려 그럴 시간에 '연결 공부 2'에 조금 더 많은 시간을 할애하는 것이 더 효율적입니다.) 항상 명심하세요. 욕심이 당신의 시험 전체를 망칠 수 있다는 사실을…….

KEY POINT

✓ 중요한 내용, 헷갈렸던 내용, 몰랐던 내용에 흥미로운 내용을 연결하기.

✓ 하지만 추가로 많은 시간을 들여서 관련 내용을 찾으려는 것은 금물.

[공부에 적용하기] ① 수능시험

기본서 >>

5. 환경 문제를 해결하기 위한 윤리적 자세

동양의 환경 친화적 자연관의 확립

(중략)

인드라망 → 불교 (2014, 모평 12번, 기출문제집 p.123) ❶
(퇴마록 - 준후가 부르는 수호신) ❷
(한국민족문화백과사전 - 인드라의 무기) ❸

불교의 자연관

불교에서는 모든 존재들이 서로 영향을 주고받는다는 연기설을 주장합니다. 연기설은 세상 모든 일에 무수한 원인과 조건에 의한 결과로 이루어져 있음을 말하죠. (중략)

185 기본서

틀린 문제 or 헷갈린 문제 >>

(가), (나) 사상에 대한 옳은 설명을 <보기>에서 고른 것은> 3점

❶
(가) 인드라망은 끝없이 큰 그물로서 이음새마다 보석처럼 투명하게 빛나는 구슬이 자리 잡고 있다. 구슬들은 혼자 빛날 수 없으며 반드시 다른 구슬의 빛을 받아야만 세상을 밝힐 수 있다. →불교
(나) 하늘과 땅은 편애하지 않아 모든 것을 짚으로 만든 개처럼 취급한다. 하늘과 땅 사이는 커다란 풀무*의 바람통처럼 비어 있으나 다함이 없다. →도가
*대장간에서 불을 지피기 위해 바람을 일으키는 도구
기본서 P.185

123 기출문제집

❷ 인드라

무협지 『퇴마록』에서 준후가 부르는 수호신

인드라

❸ 백과사전(인터넷)

그(인드라)는 불법을 옹호하며, 불법에 귀의하는 사람들을 보호할 뿐만 아니라, 아수라(阿修羅)의 군대를 정벌하기도 한다.
그의 무기는 그물인데, 이것을 인다라망(因陀羅網)이라고 하여 세간의 얽히고설킨 인과에 비유한다.
원래 인도의 신격 가운데 인드라(Indra)가 불교의 변화를 보인 한 예이다.
-한국민족문화대백과 -

실전 Tip

1. '인드라망'은 불교의 '인과'와 관련된 내용으로 불교의 수호신 인드라의 무기인 '그물(網)'을 의미. → 세간의 얽히고설킨 인과에 비유된다는 것을 파악.

2. 아 맞다! 옛날에 재밌게 봤던 무협지 『퇴마록』에서 주인공 '준후'가 위급할 때 불렀던 수호신이 '인드라'였지. 인드라에 이렇게 많은 의미가 있을 줄이야! → 기억에 확실히 각인됨.

5장 최소 공부법 3단계 : 연결해서 공부하기

[공부에 적용하기] ② 공무원, 공기업, 각종 자격증시험

기본서 >>

2. 시장 세분화

시장 세분화(market segmentation)란 한 기업이 일정한 기준에 따라 몇 개의 동질적인 소비자 집단으로 나누는 것을 말한다. 시장 세분화 시, 같은 세분시장 내에서는 소비자들의 선호가 동질적이어야 하며, 세분시장 간에는 소비자의 선호가 이질적이어야 한다. (중략)

"+ 시장 세분화의 장점" *다른 기본서 P.456* ❶

(1) 시장 세분화 기준변수

세분시장 마케팅을 하려면 고객 행동변수와 고객 특성변수에 대한 데이터가 필요하다. 고객 행동변수란 고객의 구매 행동과 밀접한 관련이 있는 변수들을 가리킨다. 또한 고객 특성변수란 고객이 누구인지를 나타내 주는 변수들을 가리킨다. (중략)

고객 행동변수 : 추구 편익, 사용 상황, 사용량, 상표 애호도 또는 태도, 고객 생애가치, 반응 단계 *"+ 편익에 기초한 분류 사례"* ❷

고객 특성변수 : 인구통계적 변수(연령/성별/소득/직업/직역/ 가족 생애 주기/가족의 크기/교육 수준/사회 계층), 심리분석적 변수(라이프스타일, 성격)

(후략)

인터넷 블로그 'ㅇㅇㅇ'참고

398 기본서

다른 기본서 >>

기본서에 없는 내용은 다른 이론서를 참고하여 연결한다.

❶ ▶ 시장 세분화의 장점

① 새로운 마케팅 기회 효과적 포착

② 마케팅 믹스 정밀 조정

③ 자원을 효율적으로 할당

→ (2007년 7급공무원 기출)   기본서 P.398

456 다른 기본서

인터넷 블로그 ≫

인터넷 블로그 자료를 연결하여 기본서의 내용을 심화 및 보충한다.

❷ ▶ 제품 편익에 기초한 세분화 사례

ex) 치약의 편익 → 치아 세척, 미백, 구취 제거

→ (2000년 CPA 기출)   기본서 P.398

실전 Tip

1. 시장 세분화의 장점(내 기본서에 없는 내용)에 대한 문제도 가끔 출제된다는 것을 파악. → 다른 기본서에서 이와 관련된 내용을 찾아 서로 연결하여 내용을 심화 보충.
2. 행동변수 중 편익과 관련하여 실제 사례를 적용한 응용문제가 출제되기도 한다는 점을 파악. → 제품 편익과 관련하여 과거에 보았던 신문 기사와 인터넷 블로그를 연결하여 심화 응용문제에 대비.

> **토크 타임** talk time

면접장에서 긴장하지 않으려면

취업을 준비하면서 여러 번의 면접을 봤습니다. 여러 명의 면접관들이 저를 둘러싸고 살벌한 분위기에서 저의 능력과 인성을 점수화하기 위해 평생토록 한 번 받아볼까 말까 한 질문들을 퍼붓는 상황은 '면접을 봤다'라는 표현보다는 '면접을 당했다'라는 표현이 더 적합할 것 같습니다.

우연찮게 회사에서 신입사원 채용 TFT TASK FORCE TEAM 멤버로 참여하게 되어 '채용'이라는 일련의 과정을 지켜볼 수 있었습니다. 그중에 특히 기억에 남는 건 대기실에서 면접을 기다리는 지원자들의 모습이었습니다. 서로 적당히 거리를 두고 자리에 앉아 긴장된 표정으로 중얼중얼 무언가 혼잣말을 하는 그들의 모습은, 보는 사람마저 긴장하게 만드는 그런 아우라가 있더군요. 심호흡을 하는 지원자, 심지어는 기도를 하는 지원자들까지 다양했습니다.

취업, 공시, 고시의 마지막 관문은 모두 면접입니다. 생각만 해도 살 떨리죠? 나의 말 한 마디, 나의 손짓, 몸짓, 표정들로 합격이 좌우되니까 말이죠. 각각의 면접은 성격이 다르고, 그에 따라 대비하는 방법도 다르기 때문에 면접 자체의 노하우에 대해서는 이 자리에서 제가 별로 할 이야기가 없는 것 같습니다. 하지만 면접장에서 긴장을 푸는 노하우에 대해서는 이야기할 것이 조금 있습니다.

자, 면접을 봤던 기억을 돌이켜봅시다. 긴장감 속에서 자리에 앉아

심호흡도 하고, 차가워진 손도 비비며 '아 긴장하지 말자. 긴장하지 말자!'라고 속으로 되뇝니다. 하지만 실상 효과는 없죠. 내 차례가 다가오면 올수록 심장은 더 쿵쾅거리고 머릿속은 하얗게 되어 버릴 뿐입니다.

대기실에 가만히 앉아서 마인드 컨트롤을 한다고 해서 긴장감이 해소되지 않습니다. 익숙하지 않은 옷을 입고, 익숙하지 않은 자리에 앉아 경직된 상태에 있다가 갑자기 면접장에 들어가서 자연스럽고 자신감 있게 말하고 제스처를 취한다는 건 사실 말이 안 되죠. 그럴 때는 이렇게 해보면 효과가 있습니다.

1. 면접장에 조금 일찍(20~30분 정도) 도착하세요.
2. 면접 대기실에 가서 내 차례를 확인한 후 화장실로 가세요.
3. 화장실 칸에 들어가 문을 걸어 잠근 후 몸이 따뜻해질 때까지 신나게 막춤을 추세요.
4. 그러고 나서 언제 그랬냐는 듯이 면접장에 가서 당당히 면접을 보세요.

운동선수가 경기장에 들어가기 전에 워밍업을 하는 것과 똑같은 이치입니다. 몸을 움직여 근육의 긴장을 풀고 온몸을 따뜻하게 하는 것이죠. 그러면 경직된 성대와 얼굴 표정이 자연스럽게 부드러워질 것입니다. 가만히 앉아서 '긴장하지 말자!'라고 주문을 외우는 것보다 이게 100배는 더 효과가 있어요.

방금 전 화장실 안에서 '무언의 막춤'을 추었던 자신이 조금은 우스우면서 얼굴에 자연스럽게 미소가 돌 거예요. 실제로 효과가 있으니, 꼭 따라해 보시기 바랍니다.^^

6장 나에게 맞는 최소 공부법 찾기

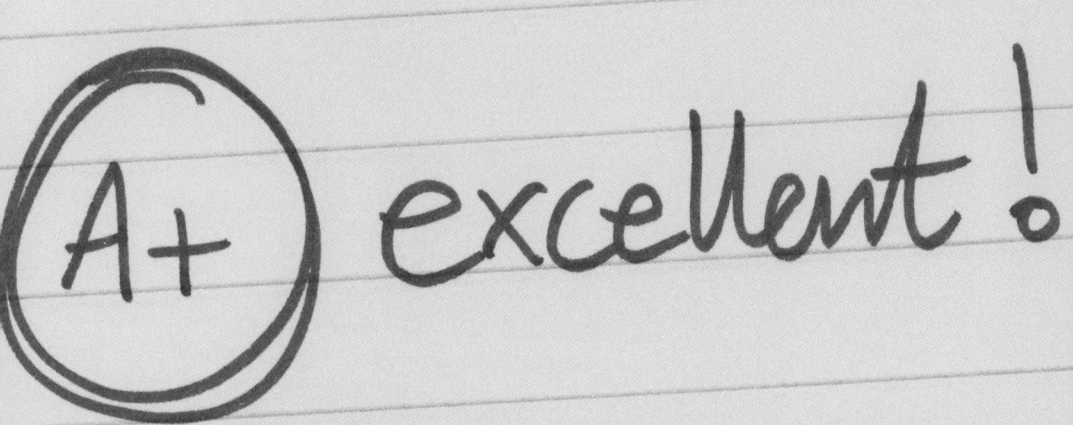

EPL
최소
공부법

1
맞춤형 최소 공부법

지금까지 EPL 최소 공부법(1~3단계)의 개념과 구체적인 활용 방법에 대해 설명했습니다. 꼼꼼히 따라 읽으셨다면 쉽게 이해하셨을 거라 믿습니다. 여기에서는 학습자 개인이 처한 현재 상황, 그리고 목표로 하는 시험 등에 따라 EPL 최소 공부법 3단계를 어떻게 적용해야 하는지에 대해 알아보도록 하겠습니다.

본격적인 설명을 시작하기에 앞서, 여러분의 머릿속에 EPL 최소 공부법을 각인시키는 차원에서 1~3단계의 개념을 간단하게 되짚어 보도록 하겠습니다.

최소 공부법 1단계(Eliminate – 고정관념 제거하기)는 공부에 대한 지금까지의 낡은 통념을 뿌리 뽑고, 비효율을 제거하는 단계라고 했습니다. 여러분은 모든 내용을 공부해야 한다거나, 공부는 열심히 그리고 많이 해야 성적이 오른다거나, 반복 학습이 중요하다는 식의 학습 마인드가 얼마나 잘못된 것이었는지를 확인하였을 것입니다. (3장 최소 공부법 1단계 : 고정관념 제거하기' 설명을 참조)

최소 공부법 2단계(Parallel – 병렬로 공부하기)는 직렬 공부가 아닌 병렬 공부를 통해서 같은 시간을 공부하고도 더 높은 점수를 얻게 되는 원리와 전체적인 이해를 테스트하는 시험의 특성에 가장 적합한 '병렬 공부법'의 적용 방법에 대해 알아보았습니다. ('4장 최소 공부법 2단계 : 병렬로 공부하기' 설명을 참조)

최소 공부법 3단계(Link - 연결해서 공부하기)는 1단계와 2단계에서 완성된 지식 구조를 바탕으로 시너지 효과를 얻는 학습 단계입니다. EPL 최소 공부법 1~2단계가 '군더더기를 제거하고 골격을 완성하는' 단계라면, 3단계는 '탄탄한 근육을 붙이는' 단계라고 할 수 있습니다. ('5장 최소 공부법 3단계 : 연결해서 공부하기' 설명을 참조)

지금까지 설명한 'EPL 최소 공부법 1~3단계'를 자신이 목표로 하는 시험공부에 적절히 활용한다면, 합격으로 가는 특급열차에 올라타게 될 것이라 확신합니다.

2
수능을 준비하는 수험생

하위권일 경우 : E > P·L

공부는 남들만큼 하는 것 같은데, 성적은 항상 하위권에 머물러 있다면 어떻게 해야 할까요? 이런 분들은 공부에 대한 관점 자체를 바꾸고, 기존의 공부 방법을 과감히 버리는 것이 좋습니다. 최소 공부법 1단계(Eliminate, 고정관념 제거하기), 2단계(Parallel, 병렬로 공부하기), 3단계(Link - 연결해서 공부하기) 중에서 1단계에 조금 더 집중해서 공부하면 빠른 시간 내에 공부 효과를 볼 수 있습니다. 이미 앞에서 설명한 것처럼 'Eliminate'의 핵심 포인트는 다음 네 가지입니다.

첫째, 모든 내용을 공부할 필요는 없다.
둘째, 공부는 '입력'보다 '출력'이 더 중요하다.
셋째, 잘못된 반복 학습은 효과가 떨어진다.
넷째, 공부는 따로따로 하는 것이 아니다.

시험공부를 마치 진리 탐구를 위한 학문에 몰두하듯 공부하고 있는 것은 아닌지, 시험에 나오지도 않을 세부 내용 하나하나를 모두 외우려고 애쓰는 것은 아닌지, 단순한 반복 읽기와 반복 쓰기를 주된 공부 전략으로 삼고 있는 것은 아닌지 자신의 공부법을 점검해 보세요. 공부하는 것 자체에 의미를 두어서는 안 됩니다. 공부하고 난 후에 얼마나 많은 내용이 머릿속에 남아 있는지, 그리고 실제 시험장에 가서 문제를 풀 때 기억해 내는 것이 가장 중요하다는 것을 염두에 두고 공부해야 합니다.

그리고 자신이 지금 하고 있는 공부가 단순히 많은 지식을 모으기 위한 공부는 아닌지, 실제 시험에서는 크게 중요하지 않은 내용에 너무 집착하고 있는 것은 아닌지 체크해 보아야 합니다. 기출문제가 어디서 주로 출제되었는지, 어떤 방식으로 출제되었는지 감을 먼저 잡고 기출문제와 연계해서 공부하는 것도 좋은 방법이라고 하겠습니다. 소중한 노력 하나하나가 허공으로 흩어져 사라지지 않도록 하세요.

중위권일 경우 : E < P > L

성적이 중위권 정도의 학생이라면, 공부하는 방식 전체를 뜯어 고치기보다는 공부의 효율성에 초점을 맞추어 공부하는 것이 좋습니다. EPL 최소 공부법 1~3단계 중 Parallel, 즉 병렬 공부법을 조금 더 연습하면 성적을 올릴 수 있습니다. 병렬 공부는 다음과 같은 순서로 학습하는 것이 핵심 포인트입니다.

병렬 공부 step 1 : 핵심 내용 모으기
병렬 공부 step 2 : 핵심 내용을 덩어리로 반죽하기(부분 구조화)
병렬 공부 step 3 : 핵심 내용 덩어리를 다시 반죽하여 거시 프레임 만들기
　　　　　　　　 (전체 구조화)

중위권 학생들은 공부의 효율성만 개선된다면 얼마든지 상위권으로 치고 올라갈 수 있습니다. 책을 펴서 무작정 순서대로 공부하지 말고, 시험 범위 전체를 개괄적으로 공부한 후 각 장chapter의 핵심 내용을 이해하면서 전체 내용의 구조를 파악해야 합니다. 이러한 과정이 최우선적으로 이루어지고 나서 세부 내용에 대한 학습으로 들어간다면, 본인이 목표로 했던 성과를 이룰 수 있을 것입니다.

수능에서는 기본 개념을 확실히 알아야만 풀 수 있는 자료 해석문제와 응용문제가 많이 출제됩니다. 그렇기 때문에 많은 시간을 들여서 세부적인 내용을 공부하는 것보다는 중요하고 핵심적인 내용들이 시험문제에서 어떻게 응용될 것인지에 대비하여 공부하는 것이 성적 향상에 더 큰 도움이 됩니다. 그러기 위해서는 각 장의 핵심 내용을 파악하는 것뿐만 아니라 전체 내용의 구조를 확실하게 이해해야 하고, 이러한 학습을 통해 시험장에서 공부한 내용을 빨리 떠올릴 수 있도록 하는 것이 가장 중요합니다. 이런 부분에 초점을 맞추어 공부한다면 상위권으로 치고 올라가는 것도 그리 어렵지 않을 것입니다.

상위권일 경우 : E·P < L

상위권 학생이 최상위권으로 올라가기 위해서 가장 필요한 것은 실전 감각의 날을 더욱 날카롭게 가는 것입니다. 이를 위해서는 EPL 최소 공부법 1~3단계 중 연결 공부가 중요합니다. 연결Link 공부는 다음과 같은 순서로 학습하는 것이 핵심 포인트입니다.

연결 공부 step 1 : 기본서와 기출문제 연결하기

연결 공부 step 2 : 기본서와 틀린 문제 선지 연결하기

연결 공부 step 3 : 관련 내용을 모두 연결하기

연결 공부에서는 틀린 문제 선지와 기본서의 개념을 연결하는 것이 특히 중요합니다. 틀린 문제 선지와 기본서의 개념을 연결 짓는 공부법은 마치 유도탄을 쏘는 것과 같다고 보면 됩니다. 왜냐하면 자신이 모르는 것, 또는 헷갈리는 것만 콕 찍어서 그것을 집중적으로 공부하는 방식이기 때문입니다. 다음과 같은 두 가지 포인트에 중점을 두어 공부한다면 단기간에 성적을 올릴 수 있을 것입니다.

첫째, 성적을 올리기 위해서는 자신이 아는 것이나 시험에 나와도 틀리지 않는 것은 공부하지 않고 시험에 나오면 자주 틀리는 것만 공부할 수 있는 분별 공부 능력이 필요합니다. 이를 위해서는 우선 자신이 자주 틀리는 부분이 무엇인지, 헷갈리는 부분이 무엇인지를 더욱 세부적으로 알 필요가 있는데, 틀린 문제 선지가 그것을 분별할 수 있는 기준이 되어 줍니다. 자신이 틀린 문제 선지들과 기본서의 개념을 연결 지어 공부하면 자신이 몰랐던 부분만을 집중적으로 공부할 수 있기 때문에 오답이 나올 확률을 조금씩 줄여 나갈 수 있습니다.

둘째, 난이도가 높은 문제나 종합적 사고력을 요하는 문제에 대비하기 위해서는 관련된 내용들을 서로 연결 지어 공부하는 것이 매우 중요합니다. 과목과 단원의 구분 없이 서로 공통점이 있거나 관련성이 있는 내용들은 모두 연결 지어 정리하는 습관을 들이는 것이 필요합니다.

이상의 두 가지 포인트는 상위권 학생이 최상위권 학생으로 거듭날 수 있는 가장 중요한 열쇠입니다.

[참고 자료]

한국교육평가원에서 제시한 수능시험 사회탐구 영역 학습법

Eliminate
핵심 개념
- 사회탐구 영역을 구성하는 교과목 내용의 핵심 개념과 원리를 이해한다. 이를 위해 해당 교과서의 단원별 목표와 주요 개념들을 요약·정리해 본다.

Parallel
핵심 개념의 응용 및 적용
- 사회탐구 영역의 일반적 절차인 문제 인식 및 정의, 가설 수립, 가설 검증(자료 수집 및 분석), 결론 도출 및 일반화 등의 의미를 파악하고, 이를 실제 사례에 적용해 본다.
- 교과서에 소개된 각종 도표, 지도, 연표, 그림, 그래프 등의 작성 과정을 이해하고, 그 의미를 해석해 본다. 특히 통계 자료의 경우 경향성을 파악하여 예측해 본다.
- 사회탐구 영역의 교과목과 관련 있는 내용으로서 신문이나 방송 등 언론 매체에서 비중 있게 다루고 있는 사회적 쟁점이나 소재 등에 대한 기사를 읽고, 그 의미를 파악해 본다.

Link
관련 내용 연결
- 하나의 사실이나 개념을 이해하는 것도 중요하지만, 여러 가지 사실이나 개념을 서로 관련 지어 이해하는 것도 중요하므로 관련 개념을 종합적으로 정리해 본다.
- 단원 간 통합 문항의 출제가 권장되므로 여러 단원에서의 관련 내용을 종합하는 연습을 해본다.

*출처: 2016년 대학수학능력시험 이렇게 준비하세요, 한국교육평가원, 2015년 4월 발행 자료 17p. 참고

수능을 잘 보기 위해서는 다음과 같은 노력이 필요합니다.

1. 세부 내용을 공부하기 위해 지나치게 많은 시간을 낭비하지 않는다.
2. 핵심 개념과 전체 내용의 구조를 파악하는 데 집중하고, 응용·적용 문제에 대비한다.
3. 과목과 단원의 경계를 구분하지 말고, 서로 관련된 내용은 연결하여 공부하고 이를 종합하는 연습을 한다.

3
대학교 논술형 전공시험을 준비하는 대학생
E·P·L

'산 넘어 산'이라는 말이 있지요. 힘든 고3 시기를 지나 대학에 합격하면 모든 난관을 극복한 것 같지만, 사실은 그렇지가 않습니다. 대학에서는 나와 비슷하거나 나보다 더 공부를 잘하는 학생들과 함께 수업을 듣고 시험을 치르기 때문에, 고등학생 때에 비해 좋은 성적을 받기가 더 힘듭니다. 게다가 취업난으로 인해 대학에서의 학점 관리도 고등학생 때의 내신 관리 못지않게 더욱 중요해졌습니다.

고등학생 때는 객관식 시험이 주 종목이었다면, 대학에서는 논술형 시험이 주 종목입니다. 논술형 시험의 무서운 점은 모르면 하나도 쓸 수 없다는 것입니다. 객관식 문제는 문제에 관련 내용이 어느 정도 드러나기 때문에, 문제가 오히려 기억력을 보완해 주는 역할을 하지만 논술형 시험에서는 그런 것이 없습니다. 망망대해에서 나 홀로 스스로 방향을 찾고 헤엄쳐 나가야 하는 것이지요.

당연한 이야기겠지만 논술형 시험에서는 답을 찍을 수도 없기 때문에 자신의 실력이 고스란히 드러나게 됩니다. 그렇다고 논술형 시험에 대비할 수 있는 공부법이 전혀 없는 것은 아닙니다. EPL 최소 공부법으로도 논술형 시험 대비가 충분히 가능합니다.

E(Eliminate, 고정관념 제거하기)

논술형 시험에서는 무엇보다 출력(시험장에서 기억해 낼 수 있는)이 중요합니다. 자신이 얼마나 많이 공부했는지는 전혀 중요하지 않습니다. 시험장에서 얼마나 많은 내용을 떠올리고 쓸 수 있느냐가 관건이지요. 그렇기 때문에 공부를 하면서 수시로 자신이 뽑아낼 수 있는 지식의 양이 얼마나 되는지를 체크하면서 시험에 필요한 내용만 공부하는 것이 더욱 중요합니다.

P(Parallel, 병렬 공부)

논술형 시험에서 고득점을 받으려면 답안의 구조를 논리적으로 잘 구성해야 하고, 이를 위해서는 시험 범위의 전체 내용과 그 구조를 파악하는 것이 가장 중요합니다. 즉 문제가 요구하는 내용이 무엇인지 분별하기 위해서는 전체 내용의 핵심을 모두 파악하고 있어야 하고, 그것을 답안지에 논리적으로 풀어내기 위해서는 그 내용의 구조와 구성 요소를 정확하게 알고 있어야 하는 것이지요. 이를 위해서 필요한 것이 바로 병렬 공부입니다. 즉 핵심 내용을 뽑아내고, 그것을 반죽하여 덩어리로 만들어서 전체를 아우를 수 있는 거시 프레임을 만드는 것이지요.

L(Link, 연결 공부)

논술형 시험에서 차별화된 답안을 작성하려면, 다각적인 시각에서 시험 논제를 정리할 수 있어야 합니다. 이를 위해서는 관련된 내용을 서로 연결하고 정리하는 연결 공부가 필요합니다. 저는 대학생 때 서로 극과 극이라고 할 수 있는 사회복지학과 경제학을 전공했는데, 사회복지학

시험을 볼 때는 경제학적인 관점을 추가하여 답안을 구성하고, 경제학 시험을 볼 때는 사회복지학적 관점을 추가하여 답안을 구성함으로써 다른 학생들의 답안과 차별화하였습니다.

4
자격증 및 각종 시험 준비생

상대평가 시험 : E < P·L

공무원시험이나 경비지도사 같은 자격증시험은 절대평가가 아니라 상대평가 방식으로 선발합니다. 높은 점수에서 낮은 점수 순으로 줄을 세워서 일정 등수 이내의 사람만 합격시키는 방식이지요. 이러한 시험에서는 P(병렬 공부) 뿐만 아니라 L(연결 공부) 역시 중요합니다. 먼저 병렬 공부를 확실히 하여 전체 내용과 구조에 대한 이해를 완벽히 하고 나서 연결 공부를 통해 기출문제와 틀린 문제 선지를 기본서의 개념과 연결하여 오답을 서서히 줄여 나가는 것이 필요합니다.

수능시험은 공부를 직업으로 하는 학생 신분으로 3년이라는 기간 동안 준비할 수 있기 때문에 (한꺼번에 몰아서 준비하지 않는다면) 준비 기간이 아주 촉박하지는 않습니다. 그렇기 때문에 고등학생들에게는 병렬 공부를 완성한 다음 연결 공부로 들어가는 단계적 학습 전략이 가능하지만, 성인에게는 이러한 전략이 불가능할 때가 많습니다. 성인의 경우는 경제적인 문제도 있고 직장생활과 병행하여 시험을 준비해야 하므로, 최대한 짧은 기간 내에 합격해야 하는 것이지요. 따라서 성인에게는 고등학생이 수능을 준비할 때와는 조금 다른 방식, 즉 E·P·L 중 P와 L

을 거의 동시에 병행하는 학습 전략을 추천합니다.

상대평가 시험을 준비할 때는 병렬 공부로 전체 구조를 파악하는 동시에 기본서의 내용과 기출문제를 연결하고, 틀린 문제 선지도 기본서의 개념과 다시 연결하여 경쟁자보다 높은 점수를 받을 수 있도록 공부해야 합니다. 이 책의 4장(최소 공부법 2단계 : 병렬로 공부하기)과 5장(최소 공부법 3단계 : 연결해서 공부하기)의 내용을 동시에 진행하여 수험 기간을 최소화하세요. 실제로 해보면 그리 어렵지 않고, 오히려 병렬 공부와 연결 공부를 따로 하는 것보다 훨씬 더 효율적이라는 것을 경험하게 될 겁니다.

절대평가 시험 : E < P > L

각종 자격증시험과 대부분의 고시 1차 시험 합격자는 일정 수준의 점수만 충족하면 되는 절대평가 방식으로 선발합니다. 예를 들어 한 과목이라도 60점 미만이어서는 안 되고(과락 60점), 전체 평균은 70점 이상이어야 2차 시험을 치를 수 있는 자격이 부여되는 방식이지요. 자격증시험에서 가장 중요한 것은 최대한 효율적으로 공부해서 커트라인을 넘기는 겁니다. 쓸데없이 많은 에너지를 낭비할 필요가 전혀 없습니다. 70점을 받고 시험을 통과하건, 99점을 받고 시험을 통과하건 결과는 똑같으니까요. 이러한 시험에서는 공부의 효율성을 최대한 추구하는 것이 가장 현명한 전략입니다. E, P, L 중 P(병렬 공부)에 초점을 맞추어 공부하는 방법을 추천합니다. 각 단원의 핵심 내용만을 골라 공부하고, 이를 기초로 하여 전체 구조를 효율적으로 파악하세요. 그러고 나서 그것을 바탕으로 커트라인을 최대한 빨리 통과하면 됩니다.

5
영어 말하기 시험을 준비하는 취준생
E·P<L

영어 말하기 시험, 즉 오픽OPIC 과 같은 시험에서 좋은 성적을 받기 위해서는 예상할 수 있는 질문에 대한 준비를 얼마나 빨리 끝낼 수 있느냐가 핵심입니다.

오픽 시험은 ① 기본적으로 정해져 있는 질문(자기소개, 거주지 소개, 인상 깊었던 경험 등), ② 사전 설문을 통해 어느 정도 예상할 수 있는 질문(취미생활, 특기, 여가 시간 등), ③ 예측하기 힘들고 준비해야 하는 범위가 넓은 돌발 질문(시사 문제, 농업, 명절 분리 수거 등)으로 구성되어 있습니다.

그렇기 때문에 ①, ②처럼 예상 가능한 질문에 대한 답변을 최대한 효율적으로 준비해야 공부 기간을 최소한으로 줄일 수 있습니다. 따라서 각 주제들에서 서로 엮을 수 있는 내용들을 연결하여 준비한다면 암기해야 할 분량은 최소로 줄어들게 됩니다. 즉 연결 공부가 오픽시험을 준비하는 데는 최고의 전략인 것이지요.

예를 들어 자기소개 부분에서 사는 곳과 취미에 대한 이야기를 한다면, 이를 거주지에 대한 소개와 취미생활에 대한 소개와도 연결하여 내용을 좀 더 풍부하게 준비할 수 있습니다. 취미생활에 대한 소개에서도

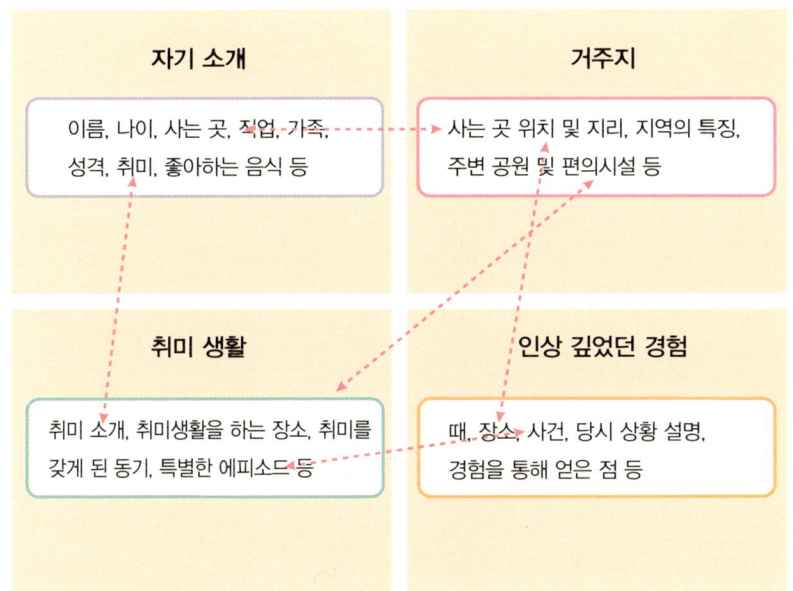

[연결 공부의 예]

취미생활을 하는 장소와 거주지에 대한 이야기를 서로 연결할 수 있습니다. 인상 깊었던 경험에 대한 준비도 취미생활 중에 있었던 특별한 에피소드와 연결하여 준비한다면 외우기도 쉽고, 준비하는 것도 훨씬 더 수월합니다(위의 그림을 참조).

6
시험이 우리를 시험에 들게 하지 않으려면

"당신의 진짜 실수는 대답을 못 찾은 게 아냐! 자꾸 틀린 질문만 하니까 맞는 대답이 나올 리가 없잖아."

지금은 고전이 되어버린 박찬욱 감독의 영화 「올드보이」에 나오는 대사입니다. 오대수(최민식)를 15년이나 가둬 둔 이우진(유지태)이 오대수에게 한 말이지요. 이 말을 패러디해서 시험에 대한 구체적 전략 없이 무턱대고 공부만 열심히 하는 사람들에게 말한다면, 뭐라고 할 수 있을까요?

"당신의 진짜 실수는 공부를 열심히 안한 게 아냐! 시험이 원하는 것과 다른 방향으로 공부를 하니까 좋은 성적이 나올 리가 없잖아!"

각각의 시험은 그 목적과 본질이 다릅니다. 하지만 우리는 그 모든 시험을 천편일률적인 전략(열심히 하기!)으로 대응하고 있는 것은 아닐까요? 다리 모델 오디션을 준비하는 것과 복근 모델 오디션을 준비하는 것은 그 전략이 달라야 합니다. 다리 모델 오디션을 위해서는 좀 더 다리에 초점을 맞춘 운동을, 복근 모델 오디션을 위해서는 좀 더 복근에 초점을 맞춘 운동을 해야 하는 것이지요. 이처럼 각각의 시험이 요구하는 것은 무엇인지, 평가의 기준이 무엇인지를 확인하고 나서 그에 대응할 수 있는 전략을 먼저 세우는 것이 중요합니다.

   EPL 최소 공부법을 활용하여 각 시험의 성격에 맞는 맞춤형 전략을 세워 보세요. 고득점을 받아야 하는 시험인지, 그냥 일정한 수준 이상만 되면 통과하는 시험인지, 아니면 많이 기억하고 출력하는데 신경을 더 써야 하는 시험인지를 체크한 후 EPL 각 단계별로 강약을 조절하면서 공부해 보세요. 최소 공부법의 원리에 맞춰 공부한다면 경쟁자들보다 먼저 합격의 열매를 얻을 수 있을 것입니다.

| **토크 타임** talk time |

소와 사자의 사랑 이야기: 연애와 시험은 닮았다?

소와 사자가 있었습니다. 둘이 죽도록 사랑했습니다. 둘은 혼인하여 살게 되었습니다. 소는 최선을 다해서 맛있는 풀을 날마다 사자에게 대접했습니다. 사자는 싫었지만 참았습니다. 사자도 최선을 다해서 맛있는 살코기를 날마다 소에게 대접했습니다. 소도 괴로웠지만 참았습니다. 소와 사자는 다툽니다. 끝내 헤어지고 맙니다. 헤어지면서 서로에게 한 말을 '난 최선을 다했어!'였습니다. (출처 : 전환기 진로 지도 프로그램 운영 매뉴얼, 교육부 한국직업능력개발원, 2013)

어때요? 슬픈 사랑 이야기 같지 않나요? 서로 최선을 다했다고 생각하지만, 정작 상대방이 진짜로 원하는 것이 무엇인지는 알려고 하지 않고, 오직 자신들만의 방식으로만 사랑하려고 했던 소와 사자의 영원히 이루어질 수 없는 슬픈 사랑의 우화입니다.

저는 이 이야기를 들으면, 제 어린 시절 풋사랑의 추억이 떠오릅니다. 내가 좋아하는 것, 내가 하고 싶은 것은 그 사람도 당연히 좋아하고, 하고 싶어 할 거라고 착각했던 한 남자. 상대방의 입장이 아니라, 내 입장에서만 생각하고 고집을 피우며 "난 최선을 다했어!"라고 말했던 어리석은 남자의 모습이 말입니다. 그리고 중·고등학교 시절의 제 모습도 떠오릅니다. 선생님이 무엇을 요구하는지, 시험 출제자가 어떤 것을 중요하게 생각하는지는 안중에 없고, 그저 열심히 단순 암기 위주로만 공부하고는 기대보다 낮은 성적 앞에서 '난 최선을 다했어!'라며 변명하던 미련한 한 남학생의 모습을 말이죠.

'연애'와 '시험'은 서로 많이 달라 보이지만, 사실 많은 부분이 서로 닮아 있는 것 같습니다. 내가 좋아하는 사람의 마음을 얻기 위해서는 그 사람의 입장에서 그 사람이 무엇을 좋아하는지, 어떤 것에 매력을 느끼는지에 관심을 기울어야 하잖아요? 공부도 이와 마찬가지입니다. 시험에서 좋은 성적을 얻으려면, 그 시험문제를 출제하는 사람이 어떤 것을 중요하게 생각하고, 어떤 평가 기준을 가지고 있는지에 먼저 관심을 가져야 합니다. 그렇지 않으면 '헛 공부'를 하게 될 가능성이 커지게 되죠. 많은 사람들이 '기출문제가 중요하다'고 강조하는 것도 사실은 이런 의미에서 하는 말입니다. 현실적으로 우리가 출제자를 직접 만나서 "어떤 내용을 중요하게 생각하세요?"라고 물어볼 수는 없잖아요? 그렇지만 그들의 마음을 엿볼 수 있는 기회가 있는데, 그게 바로 '기출문제'랍니다.

가장 기본적이고 핵심적인 내용의 뼈대를 완성하면, 그 이후에는 항상 기출문제와 연결하며 공부하는 것이 중요한 이유가 바로 여기에 있습니다. 즉 '헛 공부'를 줄임으로써 최대한 '시험에 효과가 있는' 공부를 해야 하는 것이지요. 결국, 시험도 연애도 마찬가지랍니다. 슬퍼하지 않으려면 '상대방의 입장'에서 '상대방이 진짜로 원하는 것'이 무엇인지를 먼저 생각해야 한다는 사실을 잊지 말았으면 합니다.

7장

최소 공부법 활용 툴

**EPL
최소
공부법**

1
좌뇌, 우뇌를 동시에 : 시각화 도구

공부한 내용을 보다 효율적으로 정리하기 위해서는 좌뇌와 우뇌를 동시에 자극할 수 있는 도구가 필요합니다. 간단하게 이야기하면 좌뇌는 언어 영역을 담당하는 성격이 강하고, 우뇌는 시각적인 기능을 담당하는 성격이 강합니다. 일반적인 공부는 주로 좌뇌를 자극하는 것에 그치는데, 기억력과 이해력을 높이려면 좌뇌와 우뇌를 동시에 자극하는 시각적인 학습이 필요합니다. 예를 들어, 우뇌를 자극하는 시각화 도구(트리맵, 마인드맵, 버블맵, 브레이스맵)를 노트 필기에 활용하면 내용을 직관적으로 이해할 수 있어서 기억력과 이해력을 높일 수 있습니다. 우리

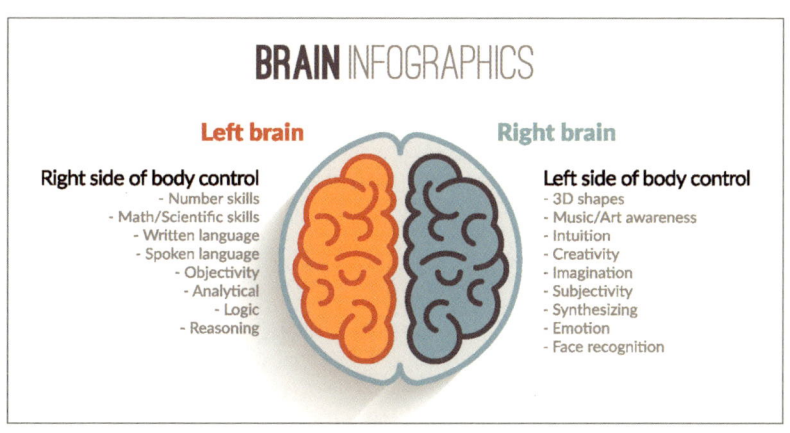

[좌뇌와 우뇌의 담당 영역 비교]

가 앞서 병렬 공부에서 잠시 소개한 '트리맵 - 반죽 덩어리 만들기'도 좌뇌와 우뇌를 동시에 사용하는 시각화 도구 중 하나입니다.

트리맵 Tree Map

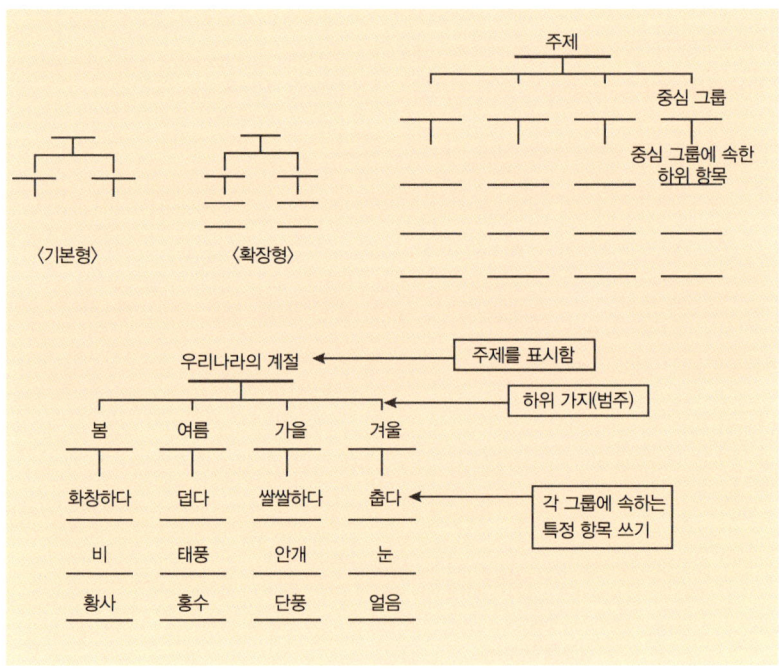

[트리맵(예시) - 생각 묶기 틀(Tree Map)]*

트리맵은 가장 위에는 범주의 제목을 적고, 그 아래로 하위 범주를 써 내려가는 양식으로, 연역적으로 귀납적인 계열성을 가지도록 하는 사고

---

* 출처 「생각틀(Thinking Maps)을 활용한 읽기 쓰기 통합 교수 학습 방안 연구」, 정세진, 이화여대 교육대학원(2012)

기법입니다. 여러 가지 사물이나 지식을 일정한 기준에 따라 분류하거나 그룹을 묶을 때 사용하며, 전체 구조를 파악하거나 분류, 정보 조직 등의 활용에 유용합니다.

마인드맵 Mind Map

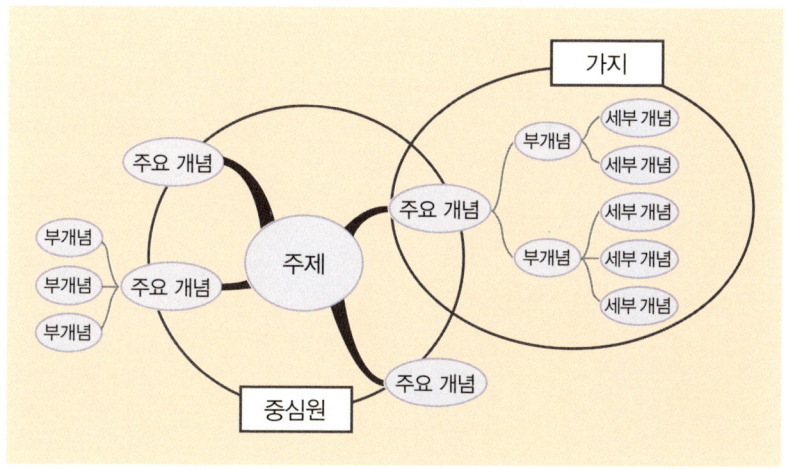

[마인드맵(예시)]*

마인드맵은 머릿속의 생각을 마치 거미줄처럼 지도를 그리듯이 핵심어를 이미지화하여 펼쳐 나가는 시각화 기법입니다. 자유롭게 가지를 뻗어 나갈 수 있어서 복잡하고 구조화하기 힘든 과목이나 암기 과목(사회탐구, 과학탐구, 국사 등)을 정리할 때 활용하면 굉장히 유용합니다.

EBS「공부의 왕도」164회(암기의 벽 3색 필기로 넘다)에 출연했던 현풍

---

* 출처 :「선행 조직자로서의 마인드맵을 활용한 지리과 수업 연구」(논문, 황유정, 전남대)

고 성효림 양은 학파와 그에 속한 인물들의 사상을 확실히 구분해서 공부해야 하는 윤리 과목을 마인드맵으로 정리함으로써 학습 효과를 높일 수 있었다고 합니다. 성효림 양은 인터뷰에서 이렇게 말했습니다.

"마인드맵으로 총정리를 하니까, 시험 볼 때 어떤 키워드를 보면 그게 가지를 뻗어 나가더라고요. 여기서 보면 이 키워드는 이 학자에 대한 것이고, 이 학자는 또 어떤 학파 어떤 사상을 가지고 있는지 알 수 있어요. 그러다 보니까 시험 볼 때 헷갈리지도 않고 정확한 답을 고를 수 있었어요."

* **마인드맵 활용에 참고하면 좋은 자료** : 『마인드 맵』(토니 부잔 지음) / 「중학교 과학 수업에서 통합형 마인드맵을 활용한 창의적 사고력 강화 탐구 교수 전략」(논문, 윤현정, 이화여대) / 「선행 조직자로서의 마인드맵을 활용한 지리과 수업 연구」(논문, 황유정, 전남대)

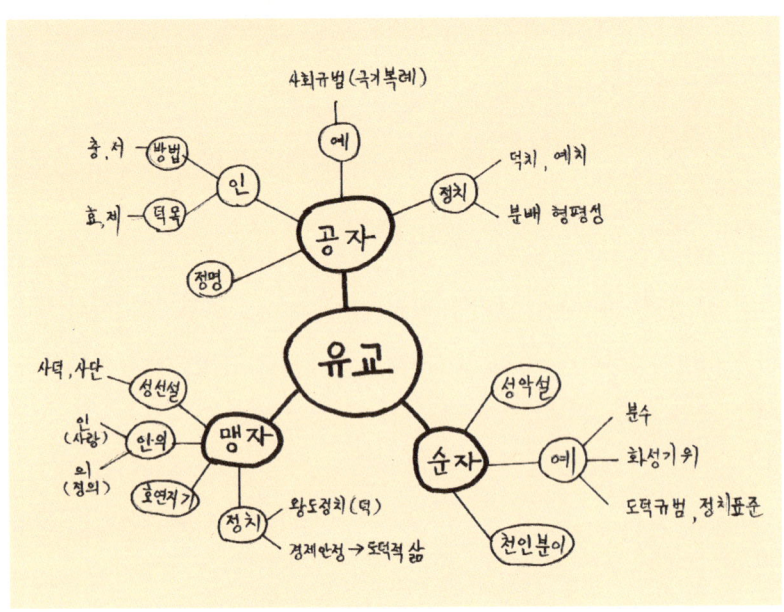

[지은이가 그린 윤리 과목 마인드맵(예시)]

더블버블맵 Double Bubble Map – 비교·대조 틀

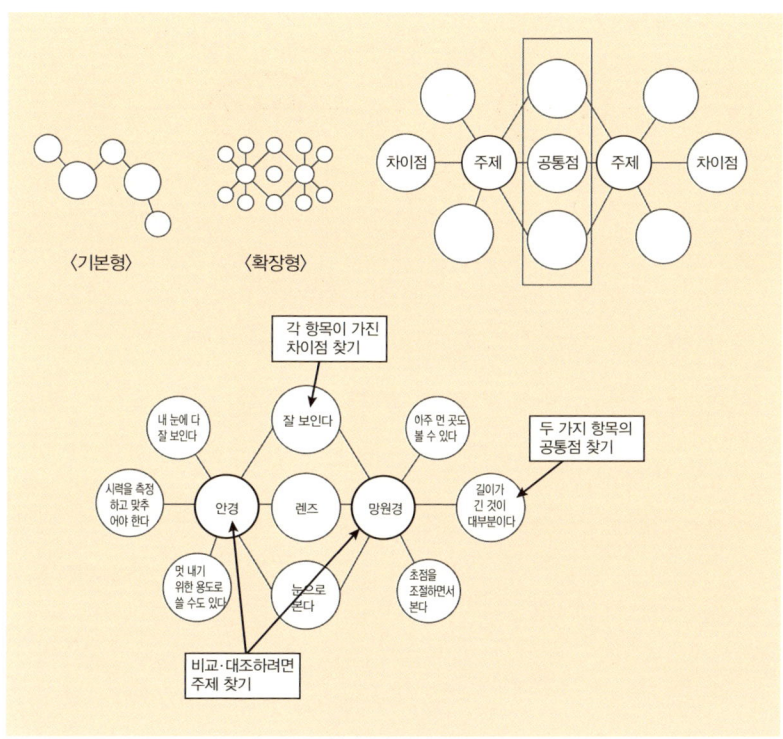

[더블버블맵(예시)] *

더블버블맵은 서로 다른 사물이나 개념을 비교하여 공통점과 차이점을 알아보거나 두 가지를 놓고 서로 대조해 볼 때 활용하는 시각화 도구입니다. 내용의 구조화보다는 비슷한 개념을 서로 비교, 대조하기 위한 도구라고 볼 수 있습니다. 예를 들어 두 인물, 두 역사적 모습, 두 사회의 체제 등처럼 두 가지를 비교하고 대조하는 데 활용할 수 있습니다.

* 출처 : 「생각틀(Thinking Maps)을 활용한 읽기 쓰기 통합 교수 학습 방안 연구」, 정세진, 이화여대 교육대학원(2012)

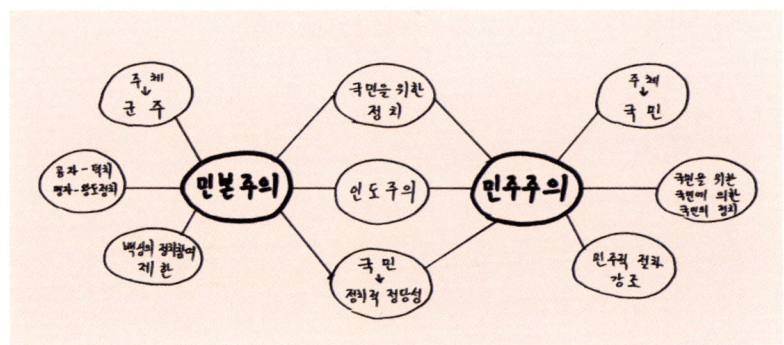

[지은이가 그린 더블버블맵(예시)]

브레이스맵 Brace Map - 전체 부분 관계 틀

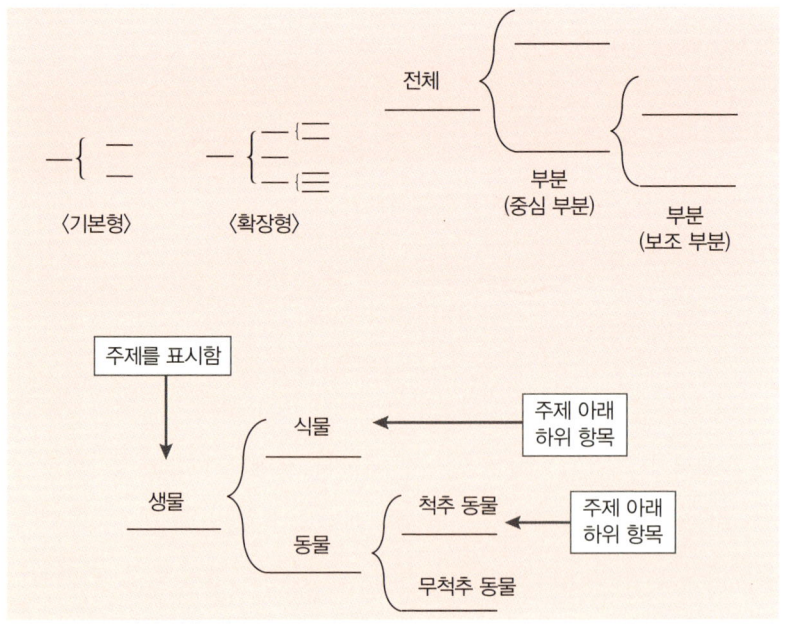

[브레이스맵(예시)] *

* 출처 :「생각틀(Thinking Maps)을 활용한 읽기 쓰기 통합 교수 학습 방안 연구」, 정세진, 이화여대 교육대학원(2012)

브레이스맵은 전체와 부분에 대한 관계를 파악하기 위한 사고 기법으로, 개념의 구성요소를 파악하는 분석적 사고가 필요한 활동 등에 적합합니다. 모든 과목에 활용될 수 있으나, 특히 기본 개념의 이해가 중요한 수학이나 경제학과 같은 과목에 활용하면 더욱 유용합니다.

EBS 「공부의 왕도」 143회(수리 영역 개념 지도로 정리하라)에 출연했던 건국대 수의예과 양준열 군은 전체, 부분 관계 틀을 활용해 '수학 개념 지도'를 만들어서 개념의 이해가 중요한 수학 과목을 공부함으로써 학습 효과를 높일 수 있었다고 합니다. 양준열 군은 인터뷰에서 이렇게 말했습니다.

"적분에 들어가는 가장 큰 개념을 적고, 그 다음에는 하위 개념을 적는데요. 여기(하위 개념)에는 제가 인터넷 강의나 수업 시간에 들었던 내용이나 문제풀이 중에서 중요한 것 등, 이 한 장에는 제가 그동안 공부한 수업 내용과 기출문제의 중요한 개념이 모두 들어 있다고 보면 됩니다. 수학은 암기 과목이 아니라 이해 과목이잖아요. 그래서 어떤 범주에 어떤 개념이 들어가 있는지 아는 게 중요하다고 생각해요."

* 브레이스맵 활용에 참고하면 좋은 자료 : 사이트 http://thinkingmaps.com / 「생각틀(Thinking Maps)을 활용한 읽기 쓰기 통합 교수 학습 방안 연구」(논문, 정세진, 이화여대) / 「생각틀(Thinking Maps)을 이용한 복습 전략이 아동의 기억력 및 학업 성취에 미치는 영향」(논문, 조수아, 한국교원대)

※ 논문은 네이버 전문 정보(academic.naver.com)에서 검색해 볼 수 있다.

2
검색은 효율적으로 : 인덱스 탭

공부를 보다 효율적으로 하려면 인덱스 탭index tap을 적극 활용하는 것이 좋습니다. 서로 관련된 내용 또는 연결할 수 있는 내용들을 같은 색의 인덱스 탭으로 표시하면 나중에 구분해서 찾아보기가 편합니다. 아래 사진은 제 책상에 있는 책들을 아내가 휴대폰으로 찍어서 제게 보내 준 것입니다. (아마도 책상 정리를 하라는 의미로 보내 준 것 같습니다.)

지은이는 연관된 내용을 쉽게 찾아볼 수 있도록 인덱스 탭을 활용한다.

제 경우는 서로 연관이 있는 내용들은 같은 색 인덱스 탭으로 표시해 둡니다. 나중에 같은 색 인덱스 탭만 찾아서 보면, 여러 권의 책에서 관련된 내용들을 한번에 다 볼 수 있어서 매우 효율적입니다. 인덱스 탭은 다양한 방식으로 활용할 수 있으므로, 자신의 공부 스타일에 맞춰서 적용해 보시기 바랍니다.

3
멀티태스킹 도구 : 2단 독서대

컴퓨터를 사용할 때 듀얼 모니터를 설치하면 멀티태스킹을 더 효율적으로 할 수 있는 것처럼, 공부를 할 때도 두 종류의 책을 동시에 볼 수 있으면 관련된 내용을 동시에 볼 수 있어서 공부의 효율을 더욱 높일 수 있습니다. 예를 들어 2단 독서대를 사용하면 마치 듀얼 모니터처럼 책 두 권을 동시에 볼 수 있어서 관련된 내용을 연결시켜 공부하는 연결 공부를 할 때 특히 유용합니다. 다만 병렬 공부에서는 두 권의 책을 동시에 보면 집중력이 분산되어 오히려 공부 효율이 떨어질 수 있으니 주의해야 합니다.

4
묶어 주고 구분하기 : 색연필

다양한 색으로 구분하는 인덱스 탭처럼 색연필(컬러 볼펜)도 공부 효율을 높일 수 있는 중요한 도구로 활용할 수 있습니다. 색연필을 사용할 때 가장 중요한 점은 사용하는 목적과 방법에 맞추어 색을 구별해야 한다는 겁니다. 예를 들어 시험에 자주 출제되는 부분은 파란색으로, 이해가 잘 안 되는 부분은 녹색으로, 자주 틀리는 부분은 빨간색으로, 추가적으로 암기가 필요한 부분은 주황색 등으로 표시하는 것이지요. 이것은 어디까지나 예시일 뿐이니, 자신만의 분류 기준을 만들어서 활용해 보시기 바랍니다.

처음부터 욕심을 내어 많은 색을 사용하지 말고, 처음에는 두세 가지 색으로 시작하는 것이 좋습니다. 나중에 어느 정도 적응이 되면 그때 분류 방식과 색을 늘리면 됩니다.

색연필을 사용하는 목적은 색을 활용하여 공통된 성격의 것들을 묶고, 동시에 다른 것들과 구분함으로써 나중에 관련된 내용을 한꺼번에 쉽게 찾기 위함이라는 것을 잊지 말아야 합니다.

EBS 방송「공부의 왕도」164회(암기의

벽 3색 필기로 넘다)에 출연했던 현풍고 성효림 양은 마인드맵 노트를 정리할 때, 알고 있는 내용은 검은색으로, 교과서를 읽고 부족한 부분은 파란색으로, 문제를 풀다가 새롭게 알게 된 부분은 빨간색으로 표시하여 구분했다고 합니다.

공무원시험 안내서 『공무원의 꿈 여기서 시작된다』(황남기 스파르타 합격연구소 지음, 법률저널)라는 책을 보면, 2014년 국가직 7급 일반행정직에 합격한 박병욱 님은 문제집 회독 관리를 위해 1회독은 빨간색으로, 2회독은 노란색으로, 3회독은 파란색으로, 4회독은 녹색으로 4색 색연필을 활용했다고 합니다. 박병욱 님은 회독에 따라 틀리는 문제가 발생할 때 틀린 표시를 회독 때마다 다른 색으로 표시하여 색깔만 봐도 자신이 언제 틀렸는지 확인할 수 있도록 한 겁니다.

여러분도 자신만의 스타일과 컬러를 정해서 분류하고, 그룹화 하는 방식으로 공부해 보세요. 공부의 효율성이 올라가는 것은 물론, 공부하는 게 재미있어질 테니까요.

5
시험을 위한 최종 병기 : 노트

노트는 단순히 내용을 옮겨 적는 용도로만 활용해서는 안 됩니다. 물론 학교나 학원에서 선생님이나 학원 강사가 판서한 것을 받아 적는 것은 예외입니다. 여기서는 혼자 공부할 때 노트를 효율적으로 활용하는 것에 대한 이야기로 이해해 주시기 바랍니다.

노트는 공부한 내용을 재구조화(반죽)하고, 시험장에서 최대한 많은 내용을 출력(가래떡)하기 위한 용도로만 활용되어야 합니다. 그래서 저는 공부를 처음 시작하는 단계에서는 노트를 적극적으로 활용하는 것을 그리 권하지 않습니다. 노트는 공부한 내용을 어느 정도 이해한 후, 그것을 구조화하는 용도로 활용하거나 스스로 얼마나 알고 있는지 테스트하기 위한 용도로 활용하는 것이 좋습니다.

내용 정리 및 재구조화하는 용도로 활용하기

공부한 내용을 정리할 때는 그냥 노트에 줄줄이 쓰는 것보다는 트리맵이나 시각화 도구를 활용하여 정리하는 것이 좋습니다. 그 이유는 좌뇌와 우뇌를 동시에 자극하여 공부의 효율을 높일 수 있기 때문입니다.

EBS 방송 「공부의 왕도」 51회(마인드맵으로 과학탐구를 정복하다)에 출연했던 포항고(연세대 치의예과 합격) 김정훈 군은 트리맵과 마인드맵을 활용하여 오답 노트를 정리했다고 합니다. 김 군은 인터뷰에서 이렇게 말했습니다.

"마인드맵 오답 노트로 사고의 영역을 확장했더니 문제에 접근하기가 훨씬 쉬워졌어요. 처음에는 흩어져 있던 여러 개념들이 머릿속 한 곳에 차곡차곡 쌓여 가는 그런 느낌을 받았거든요."

아는 것과 모르는 것을 파악하는 용도로 활용하기

재구조화(반죽)까지 끝낸 후에는 자신이 얼마나 출력(가래떡)할 수 있는지 확인하는 용도로 노트를 활용해야 합니다. 가장 좋은 방법은 빈 백지에 기억해 낼 수 있는 모든 내용을 적어 보는 겁니다. 다 적어 본 후에는 빠뜨린 부분(또는 잘못 알고 있는 부분)은 빨간색 펜으로 표시하여 최종적으로 한 번 더 정리하면 됩니다. 노트는 자신이 알고 있는 것과 모르고 있는 것을 확인해 볼 수 있는 가장 좋은 도구입니다.

위에 소개한 김정훈 군은 일단 노트에 트리맵과 마인드맵을 활용하여 알고 있는 내용을 적을 수 있는데 까지 적어 본 후, 부족한 부분이나 잘못된 부분은 참고서를 참고하여 빨간색 펜으로 내용을 보충했다고 합니다. 김 군은 인터뷰에서 이렇게 말했습니다.

"잘못된 것은 고치고, 부족한 것들을 추가하다 보면 내용도 풍성해지고, 제가 소홀히 해서 빼놓고 넘어갔던 내용을 다시 한 번 볼 수 있으니까 좀 더 꼼꼼하게 공부했다는 느낌이 들었어요."

EBS 방송 「공부의 왕도」 161회(내신 고수의 비법, 밑줄의 기술)에 출연했던 오예지 양은 공부한 내용을 아무것도 보지 않고 백지에 쓰면서 스스로에게 설명해 보는 방법으로 공부했다고 합니다. 그리고 부족하거나 기억나지 않는 부분은 교재를 보고 내용을 다시 확인한 후 빨간색 펜으로 표시하여 더 공부해야 할 부분을 명확히 했다고 합니다. 오 양은 인터뷰에서 이렇게 말했습니다.

　　"빈 종이에 쓰지 못한다는 건 제가 아직 이해하지 못했다는 거잖아요. 그래서 이해하지 못한 부분을 제가 이해하려고 노력하다 보면 의문 사항이 생기거든요. 그 의문 사항들을 선생님께 질문해서 확실하게 알려고 여백에다 적어 두었어요."

에필로그

'공부를 한다는 것'의 의미

밤 10시. 아빠바라기 아들이 코를 골기 시작하면, 아카데미 주연상 뺨칠 정도로 리얼하게 자는 연기를 하던 아빠는 실눈을 뜨고 살며시 일어나 거실 식탁으로 갑니다. 그리고 따뜻한 어둠으로 둘러쌓인 밤의 한가운데에 홀로 앉아 지난 20년 인생을 돌이켜 보며 '공부에 대한 이야기'를 썼습니다.

우리 아들이 최고인 줄 아시는 제 어머니와 아버지께서 이 말씀을 들으시면 서운하시겠지만 제가 제 자신을 냉정하게 평가했을 때, 저는 똑똑한 사람 축에는 끼지 못하는 사람입니다. 하지만 공부에 대한 욕심은 많아서 항상 제가 할 수 있는 것 이상의 결과를 바랐고, 어찌 보면 그것이 처절한 몸부림이 되어 이런저런 공부법을 고민하게 된 것 같습니다.

일본 작가 무라카미 하루키는 『상실의 시대』라는 책을 통해 궁극적으로 말하고 싶었던 것은 '사람이 사람을 사랑하는 것의 의미'라고 했습니다. '사람을 진실로 사랑하는 것은 자아自我의 무게에 맞서는 동시에 외적 사회의 무게에 정면으로 맞서는 것'이라는 그의 표현을 빌리자면, 오늘날 '우리가 공부를 하는 것'도 그와 비슷하다고 생각합니다. 우리 스스로의 '자아의 무게'에 맞서는 동시에 '외적 사회의 무게'에 정면으로 맞서는 일이 '공부'가 아닐까 싶습니다.

　많은 사람들이 '공부는 쉽다'고 이야기하지만, 그리 쉽게 이야기할 말은 아닌 것 같습니다. 우리는 공부를 하면서 힘들어 할 때도 있고, 때로는 실패도 겪기 때문이지요. 능력이 부족했던 한 남자의 처절한 몸부림에 대한 이야기, 잘못된 방식으로 공부하고 나서 좌절해야 했던 경험들, 바닥을 치고 다시 기어 올라와 다른 방법으로 도전하고 실험했던 내용들……. 부끄럽지만 그런 것들을 독자들과 함께 공유하고 싶었습니다. 그런 의미에서 이 책은 저 스스로를 위한 거울이자, 독자들에게 도움이 되었으면 하는 바람이 담긴 마음 상자입니다.

　10년 후, 정확히 20년 전의 제 나이가 되는 제 아들에게 이런 말을 듣고 싶습니다.

　"아빠, 이 책 보고 공부하니깐 공부가 좀 더 쉬워지는 것 같아!"

　그리고 그때는 뭔가가 조금은 달라져 있었으면 좋겠습니다.

　남편이 책을 쓰는 동안, 여러 모로 마음 고생이 많았을 울 마눌 님, 저와 제 아내를 이 세상에 있게 해주신 양가 부모님, 잠 잘 때 저와 똑같은 포즈로 잠을 자는 제 아들, 연락도 잘 안하는 이 모지리를 친구로 생각해 주는 저의 소중한 벗들, 이 책을 쓰는데 많은 영감을 준 귀염둥이 김제인 양, 초보 작가를 믿고 책을 출간해 주신 포북출판사 식구 여러분, 그리고 부족한 책을 끝까지 읽어 주신 저의 소중한 독자들.

　이 자리를 빌려 진심으로 감사의 마음을 전합니다.

2016년 11월
상도동 집 거실에서

절망한 자는 대담해지는 법이다(니체)
도마뱀의 짧은 다리가 날개 돋친 도마뱀을 태어나게 한다.

- '인식의 힘', 최승호

추천 자료

네이버 캐스트

- **생활 속의 심리학 '또 다른 지적 능력 메타 인지'** → 이 책의 3장과 Link
  : 공부의 기본이라고 할 수 있는 메타인지에 대해 쉽게 설명되어 있음.
  ★ 추천 – 메타인지의 중요성에 대해 알고 싶은 모든 분들께 추천

동영상

- **EBS 방송 「공부의 왕도」**
  : 공부법에 대한 다양하고 실질적인 사례들이 잘 정리되어 있음. 특히 아래 9개 영상을 추천.
    * 영상이 QR 코드로 연결되지 않을 때에는 네이버 TV 캐스트 '공부의 왕도' 참고.
    ★ 추천 – 고등학생

- 수능 5과목 만점, 공부를 다이어트하라 - 임유림 → 이 책의 3장과 Link

- 내신 여왕의 비법, 교과서의 재구성 - 기하야진 → 이 책의 3~4장과 Link

- 수리 영역, 개념 지도로 정리하라 - 양준열 → 이 책의 3~4장과 Link

- 사회탐구, 교과서에 링크를 걸어라 - 이하나 → 이 책의 5장과 Link

- 물리, 개념의 고리를 잇다 - 임홍헌 → 이 책의 5장과 Link

- 마인드맵으로 과학탐구를 정복하다 - 김정훈 → 이 책의 3, 4, 5, 7장과 Link

- 내신 고수의 비법, 밑줄의 기술 - 오예지 → 이 책의 3, 4, 7장과 Link

- 암기의 벽, 3색 필기로 넘다 - 성효림 → 이 책의 3, 4, 5, 7장과 Link

- 거꾸로 공부법, 별을 잡다 - 이주헌 → 이 책의 3, 5장과 Link
* 『정답부터 보는 꼼수 공부법』 책과 함께 보면 좋음.

책

- 에센셜리즘, 본질에 집중하는 힘 (그렉 맥커운, RHK) → 이 책의 1, 3장과 Link
  : '무의미한 다수'가 아닌 '본질적인 소수'에 집중하는 힘
  ★ 추천 - '해야 할 일'과 '하지 말아야 할 일'의 구분이 필요한 모든 사람

- 지식의 구조와 구조주의(박재문, 성경재) → 이 책의 4장과 Link
  : 조금 어렵지만 '지식의 구조'에 대한 의미와 중요성을 잘 설명
  ★ 추천 - 학부모님

- 어떻게 공부할 것인가(핸리 뢰디거, 마크 맥대니얼, 피터 브라운, 와이즈 베리)
  → 이 책의 3, 4장과 Link
  : 최신 인지심리학 관점에서 공부에 대한 잘못된 통념을 설명
  ★ 추천 - 학부모님

- 아공법 3.0 - 문제집 중심의 공무원시험 공부법(김동률, 법률저널)
  → 이 책의 1, 3, 5장과 Link
  : 조금 두껍지만 공무원시험 공부법에 대해 자세히 설명
  ★ 추천 - 공시생

- 링크 Link - 약점을 극복한 강자들의 기술, 융합의 힘(박강현, 팬덤북스)
  → 이 책의 5장과 Link
  : 융합의 다양한 사례에 대해 소개
  ★ 추천 - 고등학생, 대학생

- 정답부터 보는 꼼수 공부법(사토 야마토, 위즈덤하우스)
  → 이 책의 4장, 5장과 Link
  : 문제와 문제의 답으로 공부의 방향을 설정하는 방법에 대해 설명
  ★ 추천 - 객관식 시험을 준비하는 수험생

- 진짜 공신들의 노트 정리법(서상훈, 더디퍼런스)
  → 이 책의 4장, 7장과 Link
  ★ 추천 - 시각화 도구를 활용한 노트 정리 기술이 필요한 모든 분께 추천

- 매니지먼트(피터 드러커, 청림출판) → 이 책의 1장, 3장과 Link

  : 경영의 고전이자 기본서. 『만약 고교 야구 여자 매니저가 피터 드러커를 읽는다면』(이와사키 나쓰미, 동아일보사)과 함께 보면 좋음

  ★ 추천 – 대학생, 취준생

- 경제학 비타민(한순구 연세대 교수, 한국경제신문) → 이 책의 2장과 Link

  ★ 추천 – 왜 공부해야 하는지, 논리적으로 자녀에게 설명하고 싶은 학부모님

- 공무원의 꿈 여기서 시작된다(황남기 스파르타 합격 연구소, 법률저널)

  → 이 책의 5장, 7장과 Link

  : 합격생들의 수기 위주로 구성

  ★ 추천 – 공시생

- 합격 뇌, 공무원 1년 안에 정복하기(김미화, 북오션)

  → 이 책의 3장, 5장과 Link

  : 부담스럽지 않은 분량으로 공무원 공부법에 대해 설명

  ★ 추천 – 공시생

- 나는 공짜로 공부한다(살만 칸, RHK) → 이 책의 5장과 Link

  : 대한민국 교육에 대해 다시 생각해 보게 되는 책

  ★ 추천 –학부모님

- 토니 부잔의 마인드맵 북(토니 부잔, 비즈니스맵) → 이 책의 7장과 Link

  ★ 추천 – 마인드맵에 대해 좀 더 알고 싶은 분

- 공부의 기본(도쿄대 과외교사 모임, 열린세상) → 이 책의 3장, 4장, 5장과 Link

  : 다양한 공부법을 짧은 분량으로 간략하게 설명

  ★ 추천 – 고등학생

- 기억력, 공부의 기술을 완성하다(군터 카르스텐, 갈매나무)

  → 이 책의 3장, 4장, 5장, 7장과 Link

  : 세계기억력선수권대회 챔피언의 기억법

  ★ 추천 - 암기법에 관심이 있는 분

- 글로벌 컨설팅 펌의 지적 전략 99, 그들은 어떻게 지적 성과를 내는가(야마구치 슈, 인사이트) → 이 책의 3장, 4장, 7장과 Link

  : 지적 생산 프로세스의 관점에서 지적 생산의 질과 효율성을 높이는 방법

  ★ 추천 - 대학생, 취준생, 직장인

- 잠자기 전 1분 정리 공부법(다카시마 데쓰지, 아이콘북스)

  → 이 책의 4장, 7장과 Link

  : 잠자기 전 다양한 공부법 소개

  ★ 추천 - 취준생, 직장인

- 가속 공부법(이와세 다이스케, 랜덤하우스) → 이 책의 2장, 3장, 4장과 Link

  : 속도를 내기 위한 생략과 집중의 공부법, 공부 구조 파악의 중요성을 설명

  ★ 추천 - 고등학생

- 업무를 효율화하는 시간 단축 기술(나가타 도요시, 아르고나인미디어 그룹) → 이 책의 3장과 Link

  : 시간 관리, 지적 생산성을 늘리는 방법

  ★ 추천 - 직장인

- 책, 인생을 사로잡다(이석연, 까만양) → 이 책의 3장, 4장과 Link

  : 법제처장을 지낸 이석연 변호사의 독서법

  ★ 추천 - 고등학생

- 슬램덩크 승리학(츠지 슈이치, 대원씨아이) → 이 책의 3장과 Link
  ★ 추천 – 슬램덩크를 사랑하시는 모든 분

논문

- 유의미 학습에서 선행 조직자를 적용한 함수 단원의 수업 모형 설계(이석하, 아주대 교육대학원, 2015) → 이 책의 3장, 4장, 5장과 Link
  : 유의미 학습에 대해 쉽고 자세히 설명
  ★ 추천 –학부모님

- 생각틀(Thinking Maps)을 활용한 읽기 쓰기 통합 교수 학습 방안 연구(정세진, 이화여대 교육대학원, 2012) → 이 책의 4장, 7장과 Link
  : 시각화 도구 '생각틀(Thinking Maps)'에 대해 쉽고 자세히 설명
  ★ 추천 –학부모님

- 생각틀(Thinking Maps)을 이용한 복습 전략이 아동의 기억력 및 학업 성취에 미치는 영향(조수아, 한국교원대 교육대학원, 2013) → 이 책의 4장, 7장과 Link
  : 시각화 도구 '생각틀(Thinking Maps)'에 대해 쉽고 자세히 설명
  ★ 추천 –학부모님

- 선행 조직자로서의 마인드맵을 활용한 지리과 수업 연구(황유정, 전남대 교육대학원, 2008) → 이 책의 4장, 7장과 Link
  : 시각화 도구 특히 '마인드맵(Mind Map)'에 대해 쉽고 자세히 설명
  ★ 추천 –학부모님

한국교육평가원(수능 출제기관) 자료

- 대학수학능력시험 학습 방법 안내, 한국교육과정평가원
- 대학수학능력시험 Q&A 자료집, 한국교육과정평가원
- 대학수학능력시험 이렇게 준비하세요, 한국교육과정평가원
- 대학수학능력시험 한국사 학습 안내, 한국교육과정평가원

참고 문헌

* 추천 자료 외 책을 쓰면서 참고한 자료

단행본

- 다윗과 골리앗 - 강자를 이기는 약자의 기술, 말콤 글래드웰, 21세기북
- 에디톨로지, 김정운, 21세기북스
- 나를 바꾸는 심리학의 지혜, 프레임, 최인철, 21세기북스
- 파란펜 공부법, 아이카와 히데스, 샘앤파커스
- 버려야 보인다, 윌리엄 폴 영, 앤디 앤드루스, 로버트 아우만 등, 카시오페아
- 인생을 단순하게 사는 법, 관청, 파주Books
- 48분 기적의 독서법, 김병완, 미다스북스
- 붉은 실 생각법, 데브라 카예, 다른세상
- 5차원 독서법과 학문의 9단계, 원동연, 김영사
- 책, 열권을 동시에 읽어라, 나루케 마코토, 뜨인돌
- 기적의 기억법, 크리스티아네 슈탱거, 글로세움
- 독서는 절대 나를 배신하지 않는다, 사이토 다카시, 걷는 나무
- 동경대 교수가 가르쳐 주는 독학 공부법, 야나가와 노리유키, 스타북스
- 본깨적 - 인생의 차이를 만드는 독서법, 박상배, 예담
- 4시간(The 4-Hour Workweek), 티모시 페리스, 부키
- 나는 왜 일하는가, 엘렌 S. 정, 인라잇먼트
- 공부 습관 달라지는 책, 사이토 다카시, 비전코리아
- 미니멀리스트 - 홀가분한 인생을 살고 싶다면, 조슈아 필즈 밀번/ 라이언 니커디머스, 이상
- 입문자를 위한 병렬 프로래밍, 피터 파체코, 제이펍

- 생각을 넓혀 주는 독서법, 모티머 J. 애들러/ 찰스 반 도렌, 멘토
- 7번 읽기 공부 실천법, 야마구치 마유, 한국경제신문
- 청춘의 문장들, 김연수, 마음산책
- 세계의 끝과 하드보일드 원더랜드 1, 무라카미 하루키, 문학사상
- 7번 읽기 공부법, 야마구치 마유, 위즈덤하우스
- 내 아이에게 들키기 싫은 영어실력 몰래 키워라, 김영익, Sb
- 걱정하지 마라, 글배우, 답
- TV 피플 - 무라카미 하루키 최고 단편선, 무라카미 하루키, 삼문
- 국어의 기술 1, 이해황, 신사고
- 마더텅수능기출문제집 - 생활과 윤리, 마더텅
- 2016 공사공단 경영학, ㈜시대고시기획
- 7급 객관식 경제학, 정병렬, 박문각
- 전수환 객관식 경영학, 전수환, 세경북스
- 2016 공사공단 경영학, 한국고시회
- 에센스 경영학, 전수환, 세경북스
- 2017 수능대비 누드교과서 - 생활과 윤리, 이투스 사회팀, ETOOS
- 커트라인을 넘는 실속 합격법, 미사히코 쇼지, 비즈니스맵
- 꿈을 이루어주는 공부법, 이토 마코토, 푸른길
- 21세기 공부법, 정의석, 북씽크
- 율곡의 공부법, 송석구/김장영, 아템포
- 비즈니스 프레임워크, 호리 기미토시, 위키미디어
- 읽어보시집, 최대호, 넥서스BOOKS

논문

- 연결주의 개념관이 과학 개념학습에 주는 시사점 고찰, 정용재(서울탑동초등학교)/송진웅(서울대학교)

- 초등과학교육, 제 23권 2p 3호 pp. 251-256 (2004)
- Ausebel의 유의미 학습법을 이용한 수학학습 지도 연구, 박세영, 충남대 교육대학원 (2012)
- 스키마를 이용한 자기 주도적 학습법이 읽기 능력에 미치는 영향에 관한 연구, 이소나, 국민대 교육대학원 (2014)
- 마인드맵을 활용한 학습이 초등학생 영어 어휘 학습과 흥미도에 미치는 영향, 김민지, 숭실대 교육대학원 (2015)
- 생각틀(Thinking Maps)을 이용한 사회 수업에서 스캐폴딩, 학습 양식이 학업 성취도 및 흥미에 미치는 영향, 이혜미, 고려대 교육대학원 (2014)

뉴스, 신문기사

- 가정의 달, 휴식 있는 교육을 생각한다, 한국일보, 2016. 5. 8
- 월화수목금금금… 공부 시간만 쑥쑥, 능률은 뚝뚝, 국민일보, 2016. 5. 3.
- 한국 학생들 수학성적 OECD 2위 … 공부 시간은 1위 핀란드보다 배이상, 국민일보, 2014. 07. 05
- 미친 듯이 공부하지 말고 즐겁게(樂) 공부하자!, 내일신문, 2014. 10. 23
- EBS 뉴스, 고등학생 셋 중 둘 '일요일도 학원살이' 2015. 7. 29
- [언중언] 사교육비, 강원일보, 2015. 3. 2

인터넷 사이트

- SAMSUNG SDS ICT STORY, (http://www.ictstory.com)
- 네이버 사전,
- 네이버 백과사전
- 두산백과
- 위키백과

시험 기술

2016년 12월 5일 초판 1쇄 발행

지은이 | 이영화

펴낸이 | 김우연, 계명훈
편　집 | 손일수
마케팅 | 함송이
경영지원 | 이보혜
디자인 | 배경태
인　쇄 | RHK홀딩스

펴낸곳 | for book
주　소 | 서울시 마포구 공덕동 105-219 정화빌딩 3층
출판 등록 | 2005년 8월 5일 제2-4209호
판매 문의 | 02-752-2700(에디터)

값 15,000원
ISBN 979-11-5900-022-5 (13320)

본 저작물은 for book에서 저작권자와의 계약에 따라 발행한 것이므로 본사의 허락 없이는 어떠한 형태나 수단으로도 이 책의 내용을 이용할 수 없습니다.

* 잘못된 책은 교환해드립니다.